Gustav Eskuche

Hessische Kinderliedchen

Gustav Eskuche

Hessische Kinderliedchen

ISBN/EAN: 9783743416215

Hergestellt in Europa, USA, Kanada, Australien, Japan

Cover: Foto ©Thomas Meinert / pixelio.de

Manufactured and distributed by brebook publishing software (www.brebook.com)

Gustav Eskuche

Hessische Kinderliedchen

Meiner lieben Mutter

gewidmet

Wenn Du das Lied mir singst,
Du ahnst es kaum,
Daß Du mir wiederbringst
Der Kindheit Traum.
Es ist der linde,
Der süße Klang,
Wie einst dem Kinde
Die Mutter sang.

Mein Blut, mein heißes, stockt
Bei diesem Laut,
Der mich zur Heimath lockt
In's Dorf so traut,
In's Haus so nieder:
Dem Herzen scheint,
Daß Alles wieder
Ihm ist vereint.

Und wenn der letzte Schweiß
Die Stirn' mir netzt,
Sollst Du es singen leis
Und süß wie jetzt,
Daß, ob ich liege
In Todespein,
Mir ist, mich wiege
Die Mutter ein.

Wohl dem Manne, dem durch das Getriebe der Welt noch der lieben Mutter Wiegenlied aus der Kindheit herüberklingt, dem ihre liebe Stimme, auch wenn sie längst verstummt ist, in stillen Stunden noch so traut und treu ertönt wie einst, da sie ihm nach dem Abendgebete zuflüsterte: Schlaf wohl, mein Kind! O Jugendzeit, du goldene Zeit! Wem zieht

nicht Fried' und Freude in's Herz ein mit
der Erinnrung, wie sie eben der Sang unsres
hessischen Dichters D. Saul geweckt hat? Wen
beseligt nicht der Gedanke, daß in der letzten
Stunde dereinst der linde, der süße Klang uns
über allen Schmerz und Unruhe hinweg in den
reinen Frieden der Kindheit zurückführt, daß
uns das Herz dann wieder frei und rein und
still wird wie dem Kinde, dem der Herr das
Himmelreich verheißt? Du selige Jugendzeit, da
Spiel und Reigen unsre Lust, unsre Welt war,
wohl ist die Erinnrung an dich schön, aber du
selbst bist tausendmal schöner! Und doch —
du bist entschwunden und sollst entschwunden
bleiben; in unsrer arbeit= und kampf= und lebens=
frohen Zeit suchen wir nicht rückwärts schauend
das Land des Wunsches: Das liegt vor uns, in
uns. Nur manchmal flieht der Geist aus der
Unruhe der Gegenwart und der Ungewißheit der
Zukunft zurück in das stillumfriedete Land der
Jugend. Wir lauschen dem Halbsinn — Halb=
unsinn, der uns selbst einst so beglückte, wir
gedenken der Spiele, die einst unsre Gedanken
bei Tag und unsre Träume bei Nacht erfüllten,
und lächelnd bringen wir durch uns selbst immer
tiefer in die heimische Eigenart der Kinderwelt:
vorahnend sehen wir dann in den tanzenden,
singenden Kindern auf der Straße dieselben, die
auch dereinst im ernsten Spiele des Lebens kräftig
und lustig mitschreiten. So wächst mit dem
Verständniß für heimische Art und Sitte auch
die Liebe zum eigenen Volksstamme, ja zum
ganzen Volke. Wer kennt nicht das herrliche
Brüderpaar mit der Denkerstirn und dem Kinder=
auge, die Grimms? Die verstanden und liebten
ihre hessische Heimath, drum wurden und werden
sie von ganz Deutschland verstanden und geliebt.

Denn wie eine gesunde Liebe zur ganzen Menschheit — nicht jene millionenumschlingende des vaterlandslosen Weltbürgers — sich auf die Liebe zum eigenen Volke gründen muß, so wächst auch der Edelbaum der Vaterlandsliebe schön und voll empor nur aus der starken Wurzel der Heimathliebe, der Liebe zu der Landschaft, der Stadt oder dem Dörfchen, wo du deine Kindheit verlebt hast. — Aber was sollen dazu die dummen Kinderreime? Ja, unser Geschlecht ist ein gar klug und verständig Geschlecht: Mancher ist vielleicht nie richtig jung gewesen, Mancher schämt sich wohl gar jener kindlichen Spiele, und Viele haben nicht Zeit und Sinn dazu, sich mit „Kinderreimen und Kindercien" abzugeben. Das ist nun schade, denn wir möchten nicht nur gedruckt, sondern auch gelesen sein. Aber werden diese bescheidenen Blätter nur in etliche Häuser unsrer lieben Vaterstadt treulich aufgenommen, dann tröstet uns vollauf die Freude an der Sammelarbeit, und das Bewußtsein, dem grünenden Baume der Volksliebe eine kleine, doch erfrischende Quelle zugeführt zu haben, es tröstet uns auch die Erinnrung an das alte Mütterchen, dem wir zum Danke für einige Spielreime, die es aus dem Schubfach verstaubter Jugenderinnrung hervorkramte, das Liedchen vorlasen: „Traurig traurig, immer traurig! Hab verloren meinen Schatz": — die matten Augen leuchteten ihm auf, und lächelnd summte es: „Ja, ja das ist mein Schatz, der mich so betrogen hat." — Von wem haben benn die Kinder das Liedchen, das sie brunten so neckisch singen und mit so anschaulichen Geberden begleiten, das Liedchen: „Wollt ihr wissen, wie der Bauer, wollt ihr wissen, wie der Bauer seinen Samen ausstreut?" — Nun von ihren Eltern, die haben's gesungen, als sie klein waren. Und die? Auch von ihren Eltern. Und die? Wiederum von ihren Eltern, und so fort. Diese Kinderliedchen reichen, sofern man ihnen nicht beim ersten Blick die Jugend ansieht, meist weit hinauf in die gute alte, ja bis in die beste älteste Zeit. Gerade durch diesen Schatz echter Kinderdichtung, das Zeichen einer häuslichen, mütterlichen Erziehung, ist die alte Zeit vielleicht auch die gute Zeit, während in unsren Tagen, wo das Süßgebäck kraftloser Jugendgeschichten das reine Brot der Kinder- und Hausmärchen schier verdrängt, die Jugend immer mehr Sinn und Gedächtniß verliert für die schlichten Reimlein, nach denen ihre Eltern und Großeltern und Urgroßeltern gehüpft und getanzt haben. Darum gilt es eben zu retten, was sich noch hier und da erhalten hat von dem köstlichen Gut, an dem wir Alle gleichen Theil haben, arm und reich, groß und klein und jung und alt.

Wer nun Volksart und Volksgesang belauschen will, darf nicht auf dem Pflaster der Stadt bleiben: auf dem Land, beim Spinnrade, beim Pflug und der Sense erklingt das Volkslied erst hell und rein. Allein unsre anspruchslose Arbeit hier, die nicht im Dienste der strengen Volkskunde steht, ist zunächst der Jugenderinnerung unsrer verehrten Mitbürger und Mitbürgerinnen geweiht und soll ihnen zeigen, wie diese Reime fast eine kleine Welt wiederspiegeln, wie sie manche hübsche Weisheit und gute Neckerei enthalten und wie gar manches Lieblein, jetzt dumm und kaum verständlich, ein sinnvolles Glied ist der alten deutschen Volksdichtung. —

In Neapel springen die Kinder bei schlechtem Wetter auf die Straße und singen zur Sonne hinauf:

> Jesce, jesce Sole,
> Scajenta Mperatore!

d. h. Komm, komm hervor, o Sonne, erwärme unsern Kaiser! Gewiß fällt Manchem da unser lieber Kasseler Reim ein, der auch jetzt noch, wenn droben die Sonne mit den Regenwolken kämpft, unten aus so vielen kleinen Kehlen ertönt:

> Liebe, liebe Sonne,
> Komm' en bischen runter,
> Mit der goldnen Krone,
> Laß den Regen oben!
> Einer schließt den Himmel auf,
> Kommt die liebe Sonne raus.

Und wirklich, der Sammler neapolitanischer Kindersprüche, Galiani, bemerkt zu diesem Liedchen der neapolitanischen Kinder: „Wir glauben, es ist aus der Zeit des Kaisers Friedrich II." Als dieser glänzende, thatkräftige Hohenstaufe, an dessen Tod (1250) sich zuerst die Sage vom schlafenden, einst wiederkommenden Kaiser wob mit seinen Deutschen durch Neapel kam, da mögen es wohl die Kinder Neapels von den blonden Jungen vom Rhein und der Weser aufgeschnappt haben, aber der Wetterherr, der droben den Himmel aufschließt und die Sonne mit ihrer goldnen Krone herausläßt, hat sich im Munde der kleinen Italiener in den Kaiser verwandelt, für den sie nun heilspendendes Sonnenlicht herabflehen. Noch klarer ist der Zusammenhang der italienischen mit der an anderen Orten Deutschlands üblichen Fassung, welche schließt: „Regen, Regen rusch, der König fährt zu Busch", d. h. er jagt die Wetterhexen in den Wald zurück. So ein Liebchen, das sich an 700 Jahre und länger mit geringen Unterschieden in Hessen wie im Elsaß, in Anhalt wie in Mecklenburg erhalten hat, ohne je in einem Schulbuch gelernt zu sein, muß doch dem Wesen des Kindes sehr zusagen. Ganz natürlich, benn im Kinde hat sich das Wesen des eigenen Volkes reiner und innerlicher bewahrt, und darum findet das Kind seine rechte Freude an solch einem Lieblein, das, vor vielen Jahrhunderten aus dem Herzen des jugendlichen Volkes entsprossen, gleich der Heldensage ein Rest jener uralten Volksdichtung ist, welche jeder deutsche Stamm als theures Gut aus der alten Heimath mit auf die große Wanderung des 4. Jahrhunderts nahm und in den neuen, oft weitentlegenen Wohnsitzen treulich hütete, allmälig aber mundartlich und auch inhaltlich umwandelte. — Wohl giebt erst die mundartliche Färbung dem Volksliede, wie der Blätterschmuck dem Baume, rechte Gestalt und Leben: Das fühlen wir gar deutlich bei den Sammlungen von Rochholz (Alemanisches Kinderlied und Kinderspiel aus der Schweiz), Meier (Deutsche Kinder-Reime aus Schwaben), Stöber (Elsässisches Volksbüchlein), Grote (Niedersächsisches Kinderbuch), die wir alle, bes. Rochholz, mit Genuß und Gewinn gelesen haben. Und doch sehen wir in unsrer Sammlung von mundartlicher Färbung ab? Wir dürfen es uns nicht verhehlen, daß unsre mehr aus verderbtem Schriftdeutsch, denn aus alter Mundart bestehende „Fullebriggensproche" nicht so volksthümlich ist, als es scheint: sie ist nicht mehr die Sprache des großen Theiles der Kasseler Jugend. Drum, wo wir ein Liedchen von rechten Kasseler Kindern auf Hochdeutsch singen hörten, haben wir diese Fassung der anderen vorgezogen.

   1) Storch, Storch guter,
    Bring mir einen Bruder!
    Storch, Storch bester,
    Bring mir eine Schwester!

so ruft schmeichelnd das Kind, das sich ohne Geschwister einsam fühlt, den Storch an, den lieben Klapperstorch, der es selbst ja, wie Papa und Mama sagen, einst mit seinem langen Schnabel aus dem Frauhollenteich heraufgeholt und in das Haus getragen hat. Und sieh! wie schön doch die Eltern getröstet haben! Eines Morgens ist er durch's Fenster herein geflogen und hat noch ein kleines Kindchen gebracht; zwar hat er die arme Mama in's Bein gebissen, daß sie nun krank zu Bette liegt, aber dafür hat das neue Geschwisterchen dem älteren als Geschenk vom Storch eine große Dutte voll Zuckerwerk mitgebracht, die alles Leid vergessen macht. — Dieser kindliche Bittruf an den Storch ist so alt wie allgemein. Der Storch ist von Alters her der kluge, heilige Bote der Frau Holle, der einstmaligen Göttin Holda, die, als Gemahlin Wodans auch Frigga oder Berchta genannt, die Ehe und das Haus beschützte, die Fluren segnete und in den Julinächten, wo sie zu Wagen das Land durchzog, die Spinnerinnen beaufsichtigte. Das Bild der glänzenden Walhallskönigin verblaßte allmälig zu dem einer guten Waldfee, die nun, wie die hessische Sage weiß, im Frauhollenteiche am Meißner wohnt. Dort hört man zuweilen ihr geheimnißvolles Rauschen, und wie Glockengeläute klingt es dabei aus der Tiefe herauf, ja manchmal, um die Mittagstunde, taucht sie selbst als schöne weiße Frau mitten aus der Tiefe empor. Unten in ihrem sonnigen Garten wachsen Obst und Blumen; die schenkt sie ihren Lieblingen, auch schöne Gewänder und Kuchen. Aus ihrem Brunnen kommen die neugeborenen Kinder. Zahlreich sind, wie überall in Deutschland, auch in Hessen die Kinderbrunnen: In Kassel wurde früher der Druselteich genannt, in Waldau gilt

noch jetzt der Fackelteich, in Wolfsanger der Oster=
born, in Marburg der durch die Legenden der
heiligen Elisabeth bekannte Schröcker Brunnen, in
Kirchhain der Klingelborn, in Fulda das Stätte=
brünnchen und der Bonifatiusbrunnen, in Erm=
schwerd der Assemannsborn, in Wettesingen der
Neuborn, in Grebenstein der Kressenborn, in
Witzenhausen der Taubenborn, dessen Wasser nie ge=
friert, in Ziegenhain das Bärbörnchen (bär = Kind,
vgl. gebären) bei Treysa u. s. w. (Lynker 117).
Zuweilen ist es Holda die Segensgöttin selbst,
meist aber ihr weisheitbegabter Bote, der Storch,
der aus diesem Brunnen die Kinder heraufholt
und drum der Kinderbringer heißt, althochdeutsch
ödebero (ot = Segen oder Kind, bero = Träger).
Ein Haus, auf welchem er nistet, ist vor dem Blitz
sicher; der Schwälmer und Fuldaer Bauer legt
ihm deshalb ein Wagenrad auf das Dach oder setzt
ein Balkengestell auf den Giebel des Hauses, worauf
er bequem sein Nest bauen kann. In der Kasseler
Fassung scheint der Bittruf mehr für einen Knaben
zu passen, der sich besonders nach einem Schwesterchen
sehnt, vielleicht verhüllen aber die farblosen Bei=
wörter „guter" und „bester" einen Sinn, welcher
der uralten Vatervorliebe für Jungen weniger
widerspricht. Im Niedersächsischen singen die
Kinder: „Adebar (= Kinderbringer), du Nester,
Bring mi'n kleene Schwester; Adebar, du Rober,
Bring mi'n kleenen Brober!" Aus dem Süden
kehrt der Storch, der kluge Bote der gütigen
Frau Holle, durch die Luft rudernd (Rober),
zurück, um an der trauten Stätte sich einzunisten
(Nester). Möglich, daß auch der Kasseler Bittruf
einst den Storch als den heimrudernden, nistenden
Freund begrüßte. Solche Fragen können nur
mittels genauer Zusammenstellung aller hessischen
Kinderliedchen, die noch fehlt, gelöst werden.

Denn vom Lande sind die Sprüche und Liedchen in die Stadt gekommen und hier, ohne Berührung mit dem übrigen Volkslied und Volksleben, nur zu schnell verkümmert. Adebar, althochdeutsch ôdebêro, ist um Magdeburg herum zu Auder geworden, woraus sich eine andere niedersächsische Fassung erklärt, die den Storch sogar in den Adel erhebt: „Adebar van Oder" und „Adebar van Ester". Anders klingt dasselbe ahd. ôdebêro in Dessau: „Klapperstorch, du Luder, bring mich en kleenen Bruder". Da sind doch unsre Kasseler Kleinen artiger gegen den wackern Vertrauensmann der Frau Holle.

An der Wiege des neuen Geschwisterchens hört nun das Kind aus dem Munde der Mutter dieselben Wiegenliedchen, die sie ihm selbst gesungen, als es auch noch so klimperklein war. Ken Mueder isch so arm, se leit iehr Kindel warm, sagt der elsässische Volksreim; und Noth lehrt nicht nur beten, auch singen. Denn wenn der kleine Schreihals in seiner Welt von Brettern nicht zu Ruhe kommen will, die Liebe öffnet auch der Mutter, die vorher niemals singen konnte, den Mund zum Gesange, und unermüdlich singt und summt sie ihrem Lieblinge vor, bis er die kleinen Guckäuglein zumacht. Das Schaukeln der Wiege nachahmend singt sie ihm von dem lieben sanften Thier, zu dem das Kind auch nachher sich am meisten hingezogen fühlt, von dem armen Bälämmchen, das sich draußen an einen Stein gestoßen hat, als Mahnung, hübsch sein in der Wiege zu bleiben und einzuschlafen; oder sie droht ihm gar mit dem bösen schwarzen Schaf; oder erzählt von den armen Gänsen, die mit ihren rothen Füßen barfuß einherlaufen müssen, während das Kindchen fein warm in der Wiege liegen kann und später auch Schühlein vom Schuster bekommt.

2) Bälämmchen bä,
Das Lämmchen ging im Klee,
Es stieß sich an ein Steinchen,
Da that ihm weh sein Beinchen,
Bälämmchen bä!

Bälämmchen bä,
Das Lämmchen ging im Klee,
Es stieß sich an ein Steckelchen,
Da that ihm weh das Bäckelchen,
Bälämmchen bä!

Bälämmchen bä,
Das Lämmchen ging im Klee,
Es stieß sich an ein Rieschen,
Da that ihm weh das Füßchen,
Bälämmchen bä!

3) Schlaf, Kindchen, schlaf!
Da droben gehn die Schaf,
Die schwarzen und die weißen,
Die wollen mein Kindlein beißen.
Schlaf, Kindchen, schlaf!

4) Eiapopeia, was rappelt im Stroh!
Die Gänse gehn barfuß und haben keine Schuh,
Der Schuster hat Leder, kein Leistchen dazu,
Sonst hätten die Gänse schon längst ein Paar Schuh.

Das Eiapopeia ahmt das Schaukeln der Wiege nach, die in der Kindersprache vielfach Aie oder Haie heißt. Pop oder pap aber ist einer der ersten Kinderlaute, der bei den meisten Völkern als kindliche Bezeichnung des Vaters gedeutet und angewandt wird, wie das ebenso leicht hervorzubringende mam für Mutter; die Wortwurzel ba bezeichnet, meist verdoppelt, aber noch andere dem Kinde vorliegende Dinge, außer Baba (ob. Papa, lat. u. griech. pater) noch Bube (lat. pu-er griech. pa-is), Babbe oder Babs (- Brei), Bubbe (Kinderspielzeug), Bebé (- Schmutz), bab=

beln; vgl. auch Pappel, lat. populus, wahrsch. nach dem geschwätzigen Lärm ihrer Blätter. In Deutsch-Oesterreich heißt's: „Haiderl = Pupaiderl!", in einem Elsässer Liedchen singt eine ungeduldig Wiegende: „Haioche boboche"! — Dem älteren Kinde tauchen jetzt aus seiner kurzen Erinnerung dieselben Wiegenliedchen, die ihm erklangen, deutlich auf, es hört und lernt sie und wendet sie nachahmend alsbald im Spiele mit Puppen oder andern Kindern an, und so werden auch die ursprünglich nur von der Mutter gesungenen Lieder der ersten Kinderjahre Eigenthum der Kinder selbst, besonders der Mädchen, die von früh auf im Spiel mehr Freude finden und mehr Geschick zeigen als die meist steiferen Jungen. —

Wie unerschöpflich ist nun der Born der Mutterliebe schon an bloßen Schmeichelnamen für den kleinen Liebling: er ist ihr ja lieber als ihr eigenes Herz, ihr Herzchen, Herzblättchen (ein Wort, das ursprünglich nichts mit Blatt gemein hat, sondern zu blid = lieb steht); und theurer als alles Gut, ihr Schätzchen, ihr Goldkind, und süß zum Aufessen, ihr Zuckerpüppchen, ihr Schnuggelchen; und so himmelrein wie ein Engelchen, und so klug blickt's aus dem Bettchen wie aus seinem Loche das Mäuschen, und wie die zahllosen Kosenamen alle sind. Aber die Mutter will auch, daß andere Leute ihre Freude theilen; drum lehrt sie den kleinen Weltbürger die ersten Umgangsformen, ein Eiechen machen und ein Patschhändchen geben. Dann weckt sie seinen Sinn, indem sie ihn spielend auf den kleinen Körper lenkt: „Wie groß ist das Kind?", und mit ausgestreckten Aermchen muß es seine Größe anzeigen. Bald nimmt sie dann seine Händchen und, sie im Takte zusammen=

schlagend, singt sie, während das Kleine mit=
quietscht:

 5) Backe, backe Kuchen!
  Der Bäcker hat gerufen.
  Wer will gute Kuchen backen,
  Der muß haben sieben Sachen:
  Eier und Schmalz,
  Butter und Salz,
  Milch und Mehl,
  Safran macht die Kuchen gäl.
  Schubb, in's Backöschen!

oder sie streicht ihm kreuzweise über die offene
kleine Hand mit den Worten:

 6) Sälzchen,
  Schmälzchen,
  Bütterchen,
  Backe backe Küchelchen:
  Schubb, ins Oefelchen!

und bei Schubb schwingt sie auf den beiden
Armen das Kind, als sollte es in den Backofen
fliegen. Einen ebenso heiteren, das Kind stets
neu überraschenden Schluß hat der Reim, bei
dem die einzelnen Theile des Gesichtes berührt
werden:

 7) Kinnewippchen,
  Mauledippchen,
  Naseschüppchen,
  Bäckelrösschen,
  Augenthränchen,
  Stirnebärchen,
  Jupp jupp Härchen.

Das Kinn wippt wie ein Vogelschwänzchen
auf und ab, besonders beim Essen, das im
Mäulchen wie in einem Topf (Dippen) verschwindet;
Naseschüppchen bedeutet Schnutznäschen, vgl. am
Niederrhein: Näschen sihf (— fließend), Stirne=
bärchen (oder pärchen?) sind die Augenbrauen,
vgl. in der Schweiz: Stirn=Tüpfeli. — Durch

diese Namengebung wird das Kind erst mit jedem Theile seines Gesichtes vertraut; ebenso geht's mit den Fingern, die sogar die Träger zweier kleinen Geschichten werden, vom Pflaumendiebstahl und vom Reinfall in's Wasser. — Der Glaube der alten Deutschen, jeder Finger sei einer besondern Gottheit heilig, spricht sich noch in später Christenzeit aus, so in einem „Auszug Keiserlicher Rechten, Eydts zu gebrauchen" von 1643: „Bei dem ersten, das ist der Daumen, ist zuo verstehen Got der Vatter, beim andern Got der Sohn, bei dem triten der hl. Geist. Die andern zwei letsten Finger in der Handt zeigent vnder sich. Der ein bedeut die kostliche Seel, das sie geboren ist vnder der Mänschheit, vnd der fünffte, Kleinfinger, bedütet den Leib, als der ist der kleiner zuo schetzen gegen der Seel". Auch im Kinderspiel ist der kleine Finger der am wenigsten zu schätzende: beim gemeinsamen Pflaumendiebstahl frißt er alle Pflaumen allein, vom Spaziergang klatscht er dem Vater, daß ein Brüderchen in's Wasser gefallen ist; er ist der Verräther. Drum ängstigt auch der Vater das Kind, das nicht gestehen will, mit der Drohung: „Soll ich mal meinen kleinen Finger fragen?" — Der Daumen war dem Wodan heilig, dem Allvater, er ist daher der Glücksfinger, den man auch jetzt noch Anderen zu Liebe „hält". Der Zeigefinger, im Schwedischen Peckfinger d. i. Pack an! geschimpft, legt zuerst Hand an: er schüttelt des Nachbars Pflaumenbaum, er holt das ertrinkende Brüderlein aus dem Wasser. Der Mittelfinger, in Hessen auch der Langhans genannt, als der sich überall vordrängende Bursche, steckt die Pflaumen in den Sack, den Bruder in eine Decke, mit der er ihn abtrocknet. Der Goldfinger ist der gutmüthige; er schleppt den Sack für die Andern nach

Hause, er setzt sich an das Bett des verunglückten Bruders und pflegt ihn: ihm wurde besonders heilende Kraft zugeschrieben. Das Nesthäckchen (Nesthocker) ist, wie öfters unter Geschwistern, der Spielverderber, der Hallunke. Die beiden so erläuterten Fingergeschichten, die in ganz Deutschland noch leben, lauten bei uns:

 8) Das ist der Daumen,
  Der schüttelt die Pflaumen,
  Der liest sie auf,
  Der trägt sie nach Haus,
  Und der Kleine — Kleine
  Ißt sie ganz alleine
   oder:
  Und dieser kleine Spitzbube
  Frißt sie alle auf.

 9) Der ist in's Wasser gefallen,
  Der hat ihn rausgeholt,
  Der hat ihn abgetroknet,
  Der hat ihn in's Bett gelegt,
  Und das kleine Spitzbübchen
  Hat's dem Vater gesagt.

Ein anderes Händespiel, wobei man auch zum Schluß das Kind kitzelt, ist:

 10) Da hast' en Dreier,
  Geh auf den Markt,
  Kauf dir 'ne Kuh,
  Kälbchen dazu,
  Gillegillegänschen.

Kleine Schreier werden auf den Leib gelegt und auf die Fußsohlen oder das Rückenende geklopft, zu dem Liedchen:

 11) Es wollt' ein Schmied ein Pferd beschlagen.
  Wie viel Nägel muß er haben?
  3 kurze und 3 lange!
  Da kam der Schmied gegangen
  Mit seiner Hämmerei:
  Sum! sum! sei!
  Das Pferdchen ist beschlagen.

Aehnlich das, wenn man will, endlose Räthsel=
liedchen, bei dem dann das Kind vergeblich die
Anzahl der hinter seinem Rücken ausgestreckten
Finger zu rathen sucht:

12) Himmel — Bimmel — Bindelstock,
 Wieviel Hörner hat der Bock?
 Wieviel Finger stehen?
 Hättest du die 3 genommen,
 Wärst du glücklich vongekommen.

Die erste Zeile sucht im Spiel mit Reim und
Stabreim nach der Anrede des stocksteif in seinem
Bunde liegenden „Bündels". — Etwas ältere
Kinder läßt die Mutter auf dem Tisch tanzen
und singt:

13) Hopp Mariannchen, hopp Mariannchen!
 Laß das Püppchen tanzen
 Und wenn es nicht mehr tanzen kann,
 So steck es in den Ranzen.

Für die Jungen ist die größte Freude das
Reiten auf des Vaters Knie zu einem erst lang=
sam, dann immer schneller gesungenen Reiter=
liedchen; den Schluß jedes Liedchens bildet ein
Sprung in die Höhe, wobei das Kind abgesetzt
wird. Die auch anderwärts sehr beliebten Lied=
chen lauten bei uns meist:

14) Troß Troß Trillchen, der Bauer hat ein Füllchen,
 Ein Füllchen hat der Bauer, das Leben wird ihm sauer,
 Sauer wird ihm sein Leben, der Weinstock der trägt Reben,
 Reben trägt der Weinstock, der Müller hat 'en Ziegenbock,
 'en Ziegenbock hat der Müller, das Korn das steht im Zilger,
 Im Zilger steht das Korn, der Jäger bläst in's Horn,
 In's Horn bläst der Jäger, der Reiter hat 'en Degen,
 'en Degen hat der Reiter, die Kuh die hat ein Euter,
 Ein Euter hat die Kuh, aus Leder macht man Schuh,
 Schuh macht man aus Leder, die Gans die hat 'ne Feder,
 'ne Feder hat die Gans, der Fuchs der hat 'nen Schwanz,
 'nen Schwanz hat der Fuchs, der Edelmann hat 'ne Kutsch,
 In der Kutsch fährt der Edelmann,
 Er fährt so lange, bis er nicht mehr fahren kann.

Trossen = trabend umherlaufen; trillen oder brillen = drehen, vrgl. Bürger's Spinnerlied: Trille, Rädchen, lang und fein, Trille fein ein Fädelein mir zum Busenschleier. Trillchen ist eine seltsame Verkleinerung der Befehlsform Trille, sodaß also die erste Zeile, die nebenbei= bemerkt im Jahre 1663 Troß troß trull lautete, nichts anderes bedeutet, als trab, trab, trab oder hop, hop, hop. In Nassau giebt es freilich (Pfister, Idiotikon S. 55) auch das Wort brill = munter, rasch sich drehend; es könnte dem= nach die erste Zeile auch besagen: trab, trab munter. — Der (vor dem 12. Jahrhundert viel= fach die) Zilge oder Zelge ist ein eingefriebigtes Feld zum Wechseln von Fruchtbau und Weide; statt im Zilger hört man jetzt meist: im Ziller.

15) Hopp hopp hopp
 Pferdchen, lauf Galopp
 Ueber Stock und über Stein,
 Thu dir nur nicht weh die Bein!
 Hopp hopp hopp
 Pferdchen, lauf Galopp!

16) Hopp hopp Reiterlein,
 Wenn die Kinder kleine sein,
 Reiten sie auf Stöckerlein,
 Wenn sie größer werden,
 Reiten sie auf Pferden,
 Wenn sie größer wachsen,
 Reiten sie nach Sachsen,
 Reiten sie über die Brücke hin,
 Plumps, da liegen sie alle drin.

Der Ritt nach Sachsen ist keine bloße Reim= willkür, wie aus Lynker's Erzählung (3) ersichtlich wird: „Nahe unter Kassel grenzten im Norden und Westen die Gaue der Sachsen an das alte Hessenland — der Sachsen, von denen die Sage geht, daß sie mit Aschanes, ihrem ersten Könige, am Harzfelsen, mitten im grünen Walde, bei einem süßen Springbrünnlein heraus= und daß ihre Frauen auf Bäumen gewachsen seien. Oft hört man in Hessen noch von Müttern und Aminen singen, wenn sie die Kinder auf den Knieen reiten lassen: Reiter zu Pferd! wo kommen sie her? von Sichsen, von Sachsen, wo die schönen Mädchen auf den Bäumen wachsen. Während der Sachsen= kriege kam Karl der Große oft durch Hessen, und in Sagen und Namen hat sich vielfach die Erinnerung an seine Anwesenheit erhalten, besonders um die Weser, Diemel und Edder herum".

17) So reiten die Herren,
So reiten die Damen,
So reitet der Bauer
Zum Thore hinaus.

18) Ein alter
Posthalter
Der wollte
Mit seinen
Drei Schimmeln
In den Himmel fahren.
Die Schimmel
Die Schimmel
Die machten Trab Trab
Und warfen den alten
Posthalter herab.

W. Grimm in Wolf's Ztschr. f. deutsch. Myth. II S. 6 zeigt, daß in diesem Scherzmärchen vom alten Posthalter, der in den Himmel fahren (= reiten?) will, aber noch keinen Trab kann, die Sage vom Himmelsstürmer verborgen liegt, vgl. auch in Des Knaben Wunderhorn: Pilatus wollte wandern.

Zu diesen lustigen Geschichten und Gedichten gesellt sich noch mancher Spruch, der ursprünglich von der Mutter als Zuchtspruch angewendet, auf die Straße gewandert und dort zum Spott= und Neckruf geworden ist. So, wenn das Kind mit dem Löffel in der Hand bei der heißen Suppe warten muß, gilt der Reim:

> 19) Cirum larum Löffelstiel,
> Alte Weiber fressen viel,
> Die Jungen müssen fasten.
> Das Brot das liegt im Kasten,
> Das Messer liegt daneben,
> Welch ein lustig Leben!

Und der Hembenmaß wird von der Mutter so geneckt:

> 20) Mariechen, Mariechen,
> Du hast 'en kurzes Hemdchen an,
> Das geht dir bis an's Kniechen,
> Mariechen, Mariechen!

Der Hoselimper, der kleine Lump in den ersten Höschen, wird so begrüßt:

> 21) Christian
> Hat Hosen an
> 26 Knebbe drän.
> Hädde keine Knebbe drün,
> Hieße au nit Christian.

> 22) Schanggelmann hat Hosen an,
> Daß er brav d'rin tanzen kann.

> 23) Sching — Schang — Schänggelchen
> Setz dich auf's Bänkelchen!
> Bänkelchen kracht,
> Schänkelchen lacht!

> 24) Karlemann hat Hosen an
> Und noch keine Knöpfe dran,
> Karlemann hin, Karlemann her,
> Karlemann ist kein Junge mehr.

Durch diese Reimlein wird das Kind frühzeitig an gutmüthige Neckerei gewöhnt, sodaß es dann später auf der Straße umgänglicher ist. In weit ernsterer Weise dienen ebenso der Hauszucht einige andere Sprüche und Gebete. Das häßliche Fratzenschneiden wird den Kindern durch die Drohung abgewöhnt:

> 25) Wer beim Glockenläuten eine Fratze schneidet, behält sie sein Lebtag!

Dieses Drohwort ist keine zufällige Erfindung, sondern stimmt zu dem uralten Glauben an die heilige Zauberkraft der Glocken. Schiller schmückte sein Glockenlied mit der Inschrift der Schafhauser großen Glocke von 1486: vivos voco, mortuos plango, fulgura frango d. h. Lebende ruf ich, Todte beklag ich, Blitze brech ich. Wie armselig daneben die Magisterweisheit auf der kleinern Glocke von 1604: fulgura non frango, nec plango morte peremptos d. i. Blitze nicht brech' ich noch klag' ich um die vom Tode Entrafften. In Baiern geht die Sage, daß einst eitle Burgfräulein, mit ihrem Sonntags-Putz noch nicht fertig, die mahnende Glocke verwünschten und alsbald in Hunde verwandelt wurden. Und wer kennt nicht Goethe's Ballade von der wandelnden Glocke! In geheimnißvollem Zusammenhang steht die Glocke mit der Kinderwelt auch in einer hessische Sage, die Lynker bringt: Bei Wolfhagen liegt ein Flurbezirk, zu Tobenhausen genannt, rund um eine schöne klare Quelle. Vor langer Zeit stand hier ein Dorf Tobenhausen, das durch Feuer zerstört worden sein soll; als die Flammen auch den Kirchthurm ergriffen hatten, fiel die Glocke hinab in den Brunnen und versank. Seitdem heißt er Glockenborn. Das Merkwürdigste an diesem Brunnen ist aber, daß unter der Wolfhager Jugend das Märchen geht, die neugebornen Kinder stammten aus demselben, und wer ein Brüderchen oder Schwesterchen haben wolle, müsse zum Glockenborn gehen und sich eines bestellen. Und wie die lutherische Stadt Frankenberg von dem Ueberfall ihrer katholischen Nachbarn von Köln dadurch gerettet wurde, daß die Glocke um 9 Uhr Abends plötzlich ganz von selbst zum Sturme läutete, erzählt Lynker S. 257; noch heutigen

Tages wird mit derselben Glocke zur Erinnerung an die wunderbare Errettung von Feindes Hand jeden Abend um 9 Uhr geläutet. Die Glocke hat Leben, ihr Läuten ist für Kinder- und Dichtersinn Sprache. In Kassel hat sich trotz dem schönen Geläute unsrer Osanna (Hosianna = Herr hilf) leider keiner der anderswo noch üblichen Sprüche erhalten, die der übermüthige Kindermund der Glockenweise unterlegt. Auch sonst weiß sich die Kasseler Jugend höchstens zu erzählen, daß das Läuten um 12 Uhr Mittags einst die Gemeinde zum Gebet um Rettung vor der drohenden Türkengefahr versammelt habe.

Ebenso kindlich schön wie der Glaube an die Glockenkraft ist ein Spruch gegen das Pfeifen der Mädchen:

26) Wenn die Mädchen pfeifen, dann weinen die Engel im Himmel.

Sehr hart ist da ein elsässisches Sprichwort: In'n Huehn wo krajht un 'ne Maidel wo pfift sott m'r de Hals crum brähje. An sonstigen Zuchtsprüchen sind in Kassel noch in Gebrauch:

27) Morgen, morgen, nur nicht heute!
Sprechen alle faulen Leute.

28) Wer einmal lügt, dem glaubt man nicht,
Und wenn er auch die Wahrheit spricht.

29) Einmal geschenkt, wiedergenommen:
Dreimal in die Hölle gekommen.

Von der Sittenlehre zur Religion ist ein Schritt: das Kind mit gutem Gewissen faltet Mittags bei Tisch wie Abends in Bettchen die Hände zum Gebet. Die volksthümlichen Kindergebete, die nun in Kassel gebetet werden, sind nicht zahlreich; sie sind auch, mit geringen Abweichungen, in allen Theilen Deutschlands heimisch:

30) Komm, Herr Jesu',
 Sei unser Gast
 Und segne, was du
 Bescheeret hast.

31) Lieber Gott, mach mich fromm,
 Daß ich in den Himmel komm'.

32) Ich bin noch klein,
 Mein Herzchen ist rein,
 Soll Niemand drin wohnen
 Als Jesus allein.

So bilden und entwickeln schon daheim Ernst und Scherz den Geist des Kindes mannigfach, das nun mit zunehmendem Alter immer lieber und immer öfter der engen Stube entflieht, um unten auf der Straße mit andern Kindern zu spielen, mit ihnen die großen kleinen Erlebnisse auszutauschen und womöglich, was es von Vater und Mutter an derlei Reimen gelernt hat, anzuwenden und zu vermehren.

Das Spiel der Kinder ist nicht so regellos, wie es scheint. Ordnung im Anfangen und Vertheilung der Rollen wird klug bestimmt durch eine reiche Fülle von Abzählreimen, denen sich auch der trotzigste Junge ebenso willenlos unterwirft, wie einige Jahre später vielleicht dem Marburger Bierkomment. Der Inhalt dieser Sprüchlein ist gar mannigfaltig: Müllers Kuh, Reise nach England, Franzosen im Schnee, die fatalen Mädchen von Freiburg, eine Mutter mit sieben Kindern, ein Mädchen, das Strümpfe strickt, usw. Und ebenso verschieden ist ihr Alter: ein Spruch enthält Anklänge an die altgermanische Sage vom Weltuntergang, der Götterdämmerung; ein anderer zeigt uns die Franzosen 1812 vor Moskau, ein dritter führt in die allerneuste Zeit, das Zeitalter der Klaviere. Die kindliche Sprachwillkür ergeht sich hier nach Herzenslust im Spiel mit Reim und Stabreim, das einer gewissen Gesetzmäßigkeit doch nicht ermangelt. Z. B. wird ein vokalisch anlautendes Wort sofort mit konsonantischem Anlaut wiederholt: Eenebe meenebe; awebe bawebe; ecks brecks; eller zeller; enter tenter; itta fitta; u. v. a. Dieser Fortschritt vom Vokal zum Konsonant ist kindliches Zählen und bedeutet nichts Anderes als: eins, zwei. In den Schriftsprachen wiederholt sich dieselbe Erscheinung: griech: (h)eis, dyo; lat. unus, duo; franz. un, deux; goth. ains, twai; engl. one, two; hebr. Echad, Schenajim. Dann zeigt sich eine besondere Freude am Vokalspiel: rusche rasche rei: mickebe mus: bombarbo; uspusette oder ispusette; bippe bappe; bittchen battchen; kling klang; use buse; hicke hacke heu; bullewullewelbe!

33) Ich und du,
   Müllers Kuh,
   Müllers Esel,
   Das bist Du.

34) Kriegst einen Trill,
   Spielst nit mehr mit!

35) Eins zwei drei,
   Da liegt ein Ei,
   Wer darauf tritt,
   Spielt nicht mehr mit.
   A — u — s aus!
   Und du mußt heraus!

36) 1, 2, 3, 4
   Unter dem Klavier
   Sitzt eine Maus,
   Und die muß heraus.
   A — u — s aus!

37) 1, 2, 3
   Die Bank vorbei,
   Die Bank vor,
   Husch husch husch!
   1, 2, 3.

38) 1, 2 Polizei,
3, 4 Offizier,
5, 6 alte Her',
7, 8 gute Nacht,
9, 10 Kapitän,
11, 12 Heulen die Wölf',
13, 14, 15, 16, 17, 18, 19, 20,
Die Franzosen zogen nach Danzig,
Danzig fing an zu brennen,
Die Franzosen fingen an zu rennen.
Ohne Strümpf' und ohne Schuh
Rannten sie nach Frankreich zu.

Das ist ein wunderlicher Spruch, der im Lauf der Zeit sicherlich manche Wandlung erfahren hat. Auf dem Land in Hessen mag er sich noch in seiner ältern Gestalt erhalten haben, wie sie aus der Schweiz vorliegt: Eine, zwo, git e Floh, brü, vier, git e Stier, seuf, sechs, git e Her', sieben, acht, git e Chatz, nün, zeh, git e Chräh, oelf, zwölf: git es Chrätteli volle Wölf. Rochholz bemerkt dazu: Schon Grimm, Mythol. S. 1210 erinnert, daß dieser Reim der letzten zwölf Weltstunden gedenke, nach denen das Himmelsgewölbe einbricht, . . . wann der Alles verschlingende Höllenwolf, der den Mond fressende Hund Mânagarmur erscheint . . . Der Schrecken einer solchen Zeit bereitet sich hier vor durch eine Klimax, die vom Ungeziefer (Floh) zu den dämonischen Wesen (Katze, Hexe, Krähe) und zu dem Mondhund kommt. Einen leisen Anklang an das Himmelsgewölbe enthält noch bei uns das Lied durch eine Abweichung: 11, 12 Geh mit mir in das Gewölb. Zu dem allgemeinen Weltenbrand und Getümmel paßt nun ganz gut das ohne Zweifel recht spät angefügte Stück von den Franzosen, die Danzig erobert haben (vgl. W. Lynker's lustige Erzählung von 1807: Danzig ist über), aber aus der brennenden Stadt heimlaufen, ohne Strümpf und Schuh; schwebt da vielleicht Moskau vor? Dies große Gottesgericht in Rußland giebt die kindliche Weise also wieder:

39) 1, 2, 3, 4, 5, 6, 7
    Wo sind die Franzosen geblieben?
    Zu Moskau in dem tiefen Schnee,
    Da riefen sie: o weh, o weh!

Als theure Andenken gab „der Schelmfranzos', der uns die besten Hühner stahl", unsrer Kinderwelt einige Kauderwelschreime:

40) Ong, brong, dreoka
    Lembo lembo feoka
    Seoka di tschipperie
    Tschipperie die kohlebri
    Ong, brong, dreoka.

Die erste und letzte Zeile bedeuten un, deux, trois. Das übrige Kinder-Kauderwelsch ist dunkel, klingt aber wie schlechtes Französisch, etwa: l'un beau c'est au cas de chiperie, quoi le prix? — Madame Pompadour scheint sich zu verstecken in:

41) Eenede meenede mickede mo
    Awede bawede bombardo
    Ecks drecks Loch!

Ecks brecks erinnert an den spöttischen Ausdruck des Abscheus: Ecks bebe, hast Dreck im Mund. Anklänge an französisch galle (= Gallapfel) und esparcette, an tiraillement, an tante, voulez-vous hört man noch aus folgenden Zählreimen heraus:

42) Eene meene mieno (wiedo)
    Gallerebbe fieno (fiebo)
    Gallerebbe ispusebbe (uspasebbe)
    Ispusebbe gallerebbe
    Eene meene mieno (wiedo).

43) Enter tenter tiramenter
    Enter tenter weg!

44) Ohne dohne dante rohne
   Jita fitta futt.

Beim Ballspielen sagen die Kinder, indem sie die aus den Worten hervorgehenden Bewegungen ausführen, den Zählreim:

45) Ente, Studente,
   Wasche meine Hände,
   Trokne sie ab,
   Steck' sie in die Seite,
   Bullewulleweide,
   Puff Beutel aus!

Die bloße Freude am Wortklang, am Spiel mit Reim und Stabreim, erfand wohl die 3 folgenden Zählsprüche:

46) Eene meene ming mang
   Kling klang,
   Use buse packe dich
   Eier weier weg!

Buse viell. = Katze, die an die Eier geschlichen ist.

47) Eins zwei drei
   Rusche rasche rei
   Rusche rasche Plaudertasche
   Eins zwei drei.

48) Eller Zeller
   Ziebel Zabel
   Nebbel Pebbel
   Knoll!

Mädchennamen (Anna, Dide = Frieda, Bitchen = Lisbeth) verbirgt vielleicht der Spruch:

49) Annchen Dannchen
   Didchen Dadchen
   Eewerde beewer
   De Bitchen de Batchen
   Eewerde beewerde bu
   Ab bist du!

Ein auf den ersten Blick nur Wortgeklingel bergender Zählreim erweist sich dem Prüfenden (vgl. Rochholz S. 126) als sinnvolles Zählen nach farbigen Bohnen:

    50) Eene meene
        Dunke — funke
        Rabe — schabe
        Dippe — dappe
        Kaiser Lappe
        Diele Puffe
        Aus!

Die Zählbohnen, funkelrote und rabenschwarze, werden in das Dippe — Dappe oder die Diele (aleman. Tille — kasselisch: Delle) geworfen, die gewinnende Buffbohne kommt zuerst heraus. Kaiser und Lappe (= Lump) deutet den Gegensatz an von Hoch und Niedrig, Sieg und Verlust. — Das Abzählen nach bunten Bohnen liegt wohl auch der Bohnenreise nach England zu Grunde:

    51) Eine kleine weiße Bohne
        Wollte einst nach Engelland.
        Engelland war zugeschlossen,
        Und der Schlüssel abgebrochen.
        1, 2, 3
        Und du bist frei.

Ein Lied mit ähnlichem Schluß singt man an der rheinländischen Hessengrenze: Mädchen, mach' das Lädche zue! Kömmt ein schwarzer Haide=Bue, Nimmt Dich bei der linken Hand, Füert Dich bis in's Hessenland. Hessenland ist zue geschlossen, Schlüssel ist davon geflossen.

    52) Ohne Bohne dußt
        Und du mußt.

An den mittelalterlichen Schmuck der Kleidersäume, die kleinen silbernen Schellen, dachte vielleicht einst der Spruch:

    53) Eckchen deckchen Silberglöckchen
        Eckchen deckchen aus!

> Bum da schlug das kleine Glöckchen,
> Bum da schlug es aus.
> A — u — s aus
> Und du mußt heraus!

Eckchen deckchen ist nur Lautspiel, das zu Glöck=
chen führt, wie oben: Enter tenter zu tira=
menter.

> 54) Eckchen, deckchen, Silberglöckchen,
> Auf dem Dach da liegt ein Päckchen,
> In dem Päckchen liegt Papier,
> Was willst du haben, Wein oder Bier?

Nach Münzen (Batzen) scheint das unter=
nehmungsluftige Reimlein gezählt zu haben:

> 55) Um was sollen wir wetten!
> Um eine goldne Kette?
> Um ein Gläschen Wein?
> Bitz — Batz, du mußt es sein!

Noch jetzt wird, zum Ballspiel besonders, jede
Spielpartei durch Emporwerfen eines Geldstückes
ausgelooft: Schrift oder Wappen? Die nach oben
fallende Seite wählt oder weist zurück, je nach=
dem die Partei sich für Schrift oder für Wappen
vorher erklärt hat. — Ebenso fidel und ver=
wegen fassen einige andre Zählreime das Leben
auf.

> 56) 1, 2, 3, 4, 5, 6, 7
> Komm', wir wollen Kegel schieben,
> Kegel um,
> Kegel bum!

> 57) 1, 2, 3, 4
> Da hast du ein Glas Bier,
> 1, 2, 3
> Da hast du ein Glas Wein.

Es sei hier gestattet, an den beim Schwerttanz
üblichen Spruch des Führers zu erinnern, wie ihn
Winkelmann, Beschr. d. Fürst. Hessen u. Hers=
feld III 374, giebt, der 1651 bei der Vermählung
Ludwig's VI. von Hessen=Darmstadt einem Schwert=
tanze beiwohnte: Dieser Tanz ist nun aus Den

wir den Herrn haben bracht zu Haus. Die
Herrn werden sich auch bedenken Und werden
uns ein Trankgeld schenken: Ein Kopfstück oder
vier, So komm ich mit meinen Gesellen zum
Bier; Ein Kopfstück oder neun, So komm ich
mit meinen Gesellen zum kühlen Wein usw.

 58) Hannchen, Lottchen, weißt du was?
  Geh mit mir in's grüne Gras,
  Geh mit mir in die Allee,
  Trink mit mir ein Täßchen Thee!
  Weißt du auch, wo Freiburg liegt?
  Freiburg liegt im Thale,
  Wo es schöne Mädchen giebt,
  Aber auch fatale.
  Dicke Zöpfe haben sie,
  Wie die Pomeranzen,
  Ihre Haare schmieren sie,
  Daß sie besser glanzen.

Der Anfang lautet auch: 10—100 Geh mit
mir hinunter. Der für Kassel auffallende süd-
deutsche Stadtname Freiburg ist offenbar ein
doppeltes Schelmenspiel: die Burg, wo die „freien"
fatalen Mädchen sich gern „freien" lassen. Daß
aber diese Burg im Thale liegt, ist einer von
den Kinderscherzen, wonach auch die Sonne nur
bei Nacht scheint. Auch hört man öfters Freiberg singen und sagen; das könnte Freiberg
in Sachsen sein, jenem Lande, wo die schönen
Mädchen auf den Bäumen wachsen, vgl. zu 16.
In und um Tübingen giebt es ein ähnliches Spottlied auf die Mädchen in Stuttgart: Ihr wisset
nicht, wo Stuttgart liegt, Stuttgart liegt in
Teichen, Wo's so schöne Mädle giebt, Aber keine
reichen. Buckel und Kröpfe haben sie Wie die
Pomeranzen; Sie schmieren sich mit Eierweiß,
Daß sie besser glanzen; Die eine mit 'em Vier-
ling, Die andere ein halb Pfund usw.
Zur Reise in die weite Welt fordert auch der

abenteuerliche, aber gerade deßhalb um so beliebtere
Zählreim auf:

> 59) Immchen Dimmchen Zuckerlimmchen,
> Geh mit mir nach Harlesimmchen,
> Harlesimmchen ist nicht weit,
> 24 Stunden breit.
> Hinter der Kirche liegt der Sand,
> Ausgebogen Engelland(?)
> Engelland und Spanien,
> Pip — Pap — Panien
> Und du mußt es sein.

Unsre Erklärung ist selbst nur eine kindliche Reise
in die weite Welt: die erste Zeile sucht, wie
schon öfter, durch ein Reimspiel hindurch nach
der Anrede: Zuckerlimmchen (in manchen Straßen
auch: Zuckelemmchen) = Zickelämmchen, s. u.
Schifflein, knie dich = Schäflein. Harlesimmchen
soll an unser Nachbardorf Harleshausen erinnern.
Vielleicht geht aber diese Kinderreise nach Eng=
land von Harleshausen weiter über Immen=
hausen, an dem ja die alte Straße von Kassel
nach Niedersachsen vorüber führte, vgl. Landau, Be=
schreibung des Kurfürstenthums Hessen S. 184 f.
Doch Träume sind Schäume. Jedenfalls geht
die Reise nach Norden. Aber dunkel bleiben ohne
eine vollständige Sammlung hessischer Kinder=
reime die beiden folgenden Zeilen. In Zierenberg
sagt man: log der Sand, kaum ursprünglicher
als die Kasseler Lesart, zu der wir überdies
Lynker's Erzählung (315) vergleichen: Außer
der gewöhnlichen Kirmes wird in Westuffeln (an
der holländischen Straße!) noch eine s. g. Sand=
kirmeß gefeiert, welche 24 Stunden dauert. Des
Morgens mit Sonnenaufgang müssen drei Mädchen,
die als unbescholtene Jungfrauen bekannt sind,
an einem zwei Stunden vom Dorfe entfernten
Orte Sand holen. Im Dorfe wieder angekommen,
geben sie sich Mühe, diesen Sand in drei Um=

gängen um die Kirche zu streuen. Die Burschen des Dorfes, welche ihre Rückkehr erwarten, suchen sie daran aber durch Bespritzen mit Wasser aus den Fenstern, von den Dächern, sogar vom Kirchthurm herab zu hindern. Nachmittags bis zur Nacht wird getanzt. (Handschr. Nachricht vom Jahre 1800.) Ein Zusammenhang liegt wohl vor zwischen: ausgebogen Engelland und: Engelland war zugeschlossen und der Schlüssel abgebrochen. Vom Engelland trägt das geflügelte Roß seinen kindlichen Reiter über's Meer zurück nach Spanien und von da weiter nach dem Räthselland Dip — Dap — Danien = Dänemark? Mesopotamien? — Etwas ernster als diese Reiselieder ist eine Gruppe Zählreime, die uns von der Straße in den Haushalt, in die Familie führen:

60) 1, 2, 3, 4, 5, 6, 7
Mädchen muß den Schubkarrn schieben,
Schubkarrn muß das Mädchen schieben,
1, 2, 3, 4, 5, 6, 7.

61) 1, 2, 3, 4, 5, 6, 7, 8, 9, 10, 11, 12, 13
Gehe hin und hole Waizen,
Gehe hin und hole Korn,
Bleibe hinten oder vorn.

62) 10, 20, 30
Mädchen, du bist fleißig,
40, 50, 60
Mädchen, du bist prächtig,
70, 80, 90
Mädchen, du bist freundlich,
100, 1000, 10 Millionen:
Mädchen, du sollst Käse holen!

63) 1, 2, 3, 4, 5
Strick mir ein Paar Strümpf,
Nicht zu groß und nicht zu klein,
Sonst mußt du der Esel sein!

64) 1, 2, 3, 4, 5, 6, 7
Eine Frau die kochte Rüben,

Eine Frau die kochte Speck,
1, 2, 3 da war sie weck.

65) 1, 2, 3
Hicke — hacke — Heu,
Hicke — hacke Pfefferkorn,
Der Schuster hat seine Frau verlorn.

66) 1, 2, 3, 4, 5, 6, 7
Wo ist denn mein Schatz geblieben?
Er ist nicht hier, er ist nicht da!
Er ist wohl in Amerika!

Die bunte Kette unsrer Zählreime mag ein Prachtstück von Kinderpoesie schließen:

67) 1, 2, 3
Hicke-hacke Heu,
Hicke-hacke Pfefferkern,
Sieben Kinder essen gern.
Mutter backe Kuchen!
Will ein Stück versuchen,
Legt' ein Stück hinter die Thür,
Kam die Katz' und fraß es,
Kam der alte Leineweber
Mit der langen Elle,
Schlug sie auf den Kopf:
Miau miau miau
Für 2 Pfennig Buckelblau!

Eine Mutter hackt emsig Heu und Pfefferkern für ihre sieben Kinder; denn sieben Kinder essen gern und viel. Heu für die Kinder, wie für's Vieh? Die Erklärung giebt wieder ein alemannischer Spruch, in welcher eine Mutter auf ihre vielen milchverlangenden Kinder in der Wiege blickt: De Höseli und be Chlei, de Lotz und der Läu... De Nöppel, de Span und Laß sind all an einer Gaß. Züseli und Anneli mache Chernen aß, fueret eüsis Spanferndli das. Diese Mutter vergleicht mit Bewußtsein ihre Kinder Spanferkeln, und das ist keine Roheit. Denn im Paradiese der Jugend wie einst in dem der Menschheit sind Thier und Mensch noch nicht feindselig geschieden. So betet das niederdeutsche Bauernkind frommen Herzens: Hier ligg ick as 'ne Koh, nu seh' uuse Herrgatt to, dat mi nin Düüwel wat doo! und der kleine Teddi in Habbertons allerliebster Kindergeschichte „Andrer Leute Kinder" glaubt selbst an seine unglaubliche Fluntergeschichte, die so anhebt: Na ja. Einmal da — war ich 'n Kininschen un wohnte gantsch geleine in ein Loch gantsch unten im Baum. Un manchmal benn kamten die annern Kininschens un besuchten mich u. s. w. Also Heu und Pfefferkerne giebt's für die Kasseler Ferkelchen, aber unzufrieden rufen sie: Mutter, backe Kuchen! Die Gute thut's, und nun will ein Kind ein Stück, das es wahrscheinlich vor der Vertheilung schon gemaust hat, friedlich verzehren, da kommt das böse Element, die Katze, und frißt's. Da erscheint der deus ex machina dieses Familiendramas, der alte Leineweber und verbläut mit seiner Elle die Katze, daß sie fortläuft: miau, miau, miau!

Diese dramatisch belebte Familiengeschichte enthält schon so manche Züge, die dem Kinde nicht daheim in der Stube geworden sein können; sie führt uns, zunächst an den Spielen, denen ja die Zählreime gelten, vorbei zu dem Bild oder Bildchen, das wir, den Kinderreimen folgend, uns von der Familie überhaupt, vom Haushalt und Handwerk zeichnen können. Da sieht's nun gar leicht und lustig aus: im Hause Armuthei und Bettelei, das Handwerk verspottet, der Mann im Wirthshaus, die Frau dumm und ungeschickt. Doch scheltet deshalb die Kinder und ihre Liedchen nicht, ihr Damen vom Kaffeetisch, ihr Herrn vom Biertisch! Uns Große fesselt ja auch eine Erzählung vom Elend und Kampf und Sorge mehr als eine

Schilderung von Ruhe und Wohlstand und Reichthum; wir begleiten den Romanheld durch Mangel und Gefahr und Trübsal hindurch bis zum glücklichen Ende, und im Glücke — wird er uns langweilig. Und diese Liedchen vom Bettelhaushalt fließen aus uralter Quelle, die Rochholz, dem wir hier folgen, schon in der altnordischen Sagensammlung Ebba nachweist. Dort kehrt Gott Heimballr, der Ständeordner, am Meeresstrande in ein Bauernhaus ein, wo am Feuer zwei Eheleute sitzen, grau von Arbeit, Ai und Ebba = Urahn und Urahne. Der Gott ißt von ihrem groben Kleinbrot und gesottenen Kalbfleisch und geht mit ihnen zu Bett. Neun Monate später gebiert Ebba einen Sohn, der ist rauhhaarig, dickfingerig, langfersig, schwarzhaarig und erhält den Namen Drhál = Knecht. Zum Weib nimmt er ein Mädchen, das einst zufällig auf den Bauernhof kam; ihre Füße sind nackt, ihre Arme sonnenbraun, ihre Nase eingebogen. Sie heißt Dhyr = Magd. Ihre Kinder erhalten Namen, die auf „Unreinlichkeit, Selbstmißachtung und Körperhäßlichkeit" deuten. Das ist der unterste Stand. Der zweite Stand stammt ab von Karl d. i. Mann und Sorger, dem Sohne von Heimballr und Amma d. i. Ahne; der oberste von Jarl d. i. Edelmann, dem Sohne von Heimballr und Mobir d. i. Mutter. Den britten Stand malt nun die alte Sage wie die spätere Literatur mit ganz besonderem Eifer aus, aber der furchtbare Ernst der Göttersage wandelt sich in übermüthigen Scherz um, der dann vom harmlosen Spott nicht weit ist.

68) Hänschen saß im Schornstein,
flickte seine Schuh,
kam des Nachbars Gretelein,
Guckt' ihm fleißig zu.

„Hänschen, willst du freien,
So freie mich,
Ich habe noch 3 Kreuzer,
Die sind für mich und dich."

„Ich will dich nit, ich will dich nit,
Du hast 'en scheiwen Fuß."
„Ach nimm mich doch, ach nimm mich doch,
Dann wird er wieder gut.

Und wenn wir dann zusammen sind
Und haben kein eignes Haus,
So setzen wir uns in's Bodenloch
Und gucken oben raus."

Manches in dem vielumgewandelten Liebchen klingt fast noch wie eine leise Erinnerung an die Edda des 11. Jahrhunderts: Hänschen sitzt im Schornstein d. h. unter dem Rauchfang am Feuer, da kommt die Tochter des Nachbars daher: er nimmt sie auf ihren Antrag als Weib, trotz ihres scheiwen Fußes. (Deckvinkalfa = Schiefbein heißt eine von Thräls Töchtern.) Seine Schuh sind zerrissen, und ihr Brautschatz sind drei Kreuzer, aber sie blicken von ihrem gemietheten Bodenloch ganz fidel auf die Welt herab. Doch knapp und unordentlich geht es in dem Haushalt zu, der uns aus unsren Kinderliebchen, freilich unter anderen Namen und Beziehungen, entgegentritt:

69) Es war einmal ein Mann,
Der hieß Bumbam,
Bumbam hieße
Und die Trompete bliese.
(ob. und seine Frau hieß Liese.)
Ihr Leute, kauft mir Besen ab,
Daß ich was zu essen hab'!

70) Ich will Dir was erzählen
Von der alten Mählen,
Wenn sie keine Kartoffeln hat,
Kann sie keine schälen.

71) Die Linsen wo linsen,
   Im Pippen, se hippen,
   Se kochen vier Wochen
   Und sind noch
   Wie Knochen.

72) Brau, brau, Kessel,
   Morgen wolln wir waschen
   Uebermorgen Wasser tragen —
   Plumps in die Asche.

73) Meine Mutter schickt mich her,
   Ob der Kaffee fertig wär;
   Wenn er noch nicht fertig wär,
   Möcht' er bleiben, wo er wär.
   (ob. Schickt' sie mich noch dreimal her.)

   Morgen früh beim Mondenschein
   Soll der Kaffee fertig sein.

   oder:

   Sagen Sie ein Kompliment,
   Und der Kaffee sei verbrennt,
   Und die Milch in's Feuer gelaufen,
   Da könnte Madame keinen Kaffee saufen.
   (Müßte Madame andern kaufen.)

74) 6 mal 6 ist 36
   Ist der Mann auch noch so fleißig,
   Und die Frau ist liederlich,
   Geht der Haushalt hinter sich.

75) 6 mal 6 ist 36
   Ist der Mann auch noch so fleißig,
   Und die Frau ist noch so dumm,
   Schmeißt den ganzen Kaffee um.

76) 6 mal 6 ist 36
   Und der Mann ist noch so fleißig,
   Und die Frau will Kaffee kochen,
   Hat der Mann das Geld versoffen.

Wie die Eltern so die Kinder: der Junge, welcher schon Wein und schöne Mädchen liebt, beschwichtigt seine Mutter, die sicherlich nie Geld hat, mit 3 Thalern:

77) Ich ging in Keller hinter's Faß.
   Muskateller? was ist das!
   Muskateller trink' ich gern,
   Schöne Mädchen küss' ich gern.

   Mag die Mutter schmälen,
   Wie sie will.
   Geb ich ihr drei Thaler,
   Schweigt sie still.

Natürlich macht sich so ein Bengel nichts aus der Schule, er pfeift was auf den Tadel seiner Eltern, wie es in einem freilich aus zwei fremdartigen Stücken gebildeten Liedchen heißt:

78) „Ene deene Dintefaß
   Geh' in die Schule und lerne was,
   Und wenn du was gelernet hast,
   Steck die Feder in die Tasch'."

   Mein Vater ist ein Schneider,
   Er schneidet mir 'ne Pfeife,
   Da pfeif' ich allen Morgen,
   Das geht wie eine Orgel.

Das Unglück bleibt natürlich nicht aus. Die Mutter fällt zum Fenster hinaus und bricht ein Bein, und kaum kann sie Dank der kunstfertigen Hand des Doktors (Schneider Kakadu) wieder laufen, da stirbt ihr Mann:

79) Auf dem Berge Sinai
   Wohnt der Schneider Kikriki,
   Seine Frau die Margarete
   Saß auf dem Balkon und nähte,
   Fiel herab, fiel herab,
   Und das linke Bein brach ab.
   Kam der Doktor hergerannt
   Mit der Nadel in der Hand,
   Näht' es an, Näht' es an,
   Daß sie wieder laufen kann.

80) Billewillewitt mein Mann ist krank!
   Billewillewitt was fehlt ihm dann?
   Billewillewitt ein Gläschen Wein?
   Billewillewitt das kann wohl sein!

>   Billewillewitt ein Stückchen Brot?
>   Billewillewitt er ist schon todt!
>   Billewillewitt den Doktor holen,
>   Der soll ihm den Buckel versohlen!

Wie ein echter Niederländer muthet uns dies ganze derbfröhliche Bild von dem Bettelhaushalt an. Es ist alltägliches Leben, doch umkleidet vom heitren Sonnenschein eines Kindergemüthes, dem Armuth nur wunderlich, dem Unordnung noch drollig erscheint. Drum zeigt sich nur gute Laune, aber kein eigentlicher Spott in diesem lachenden Bild von dem Haushalt, der so lustig = leichtsinnig beginnt und so traurig = leichtfertig endet. — Allein selbst unsre Kasseler „Jungens" und „Mäderchen" sind doch nur Engelchen mit einem B davor. Wenn da ein frecher Bäckerjunge, mit dem leeren Weckekorb auf dem Rücken durch die Straßen schlendernd, mit kleinern Kindern anbändelt, weshalb sollen sich die nicht an ihm rächen, so gut sie können? So rufen sie hinter ihm her:

> 81) Bäckerklos, Bäckerklos,
>   Mach de Wecke nit so groß,
>   Mach se nit so kleine!
>   Sonst kriegste scheiwe Beine!

Und was dem einen recht ist, ist dem andern billig. Kommt da ein Herr in schwarzem Zylinder und Schlappschuhen her und erschreckt mit seinem schwarzen Gesicht die spielenden Kinder; nun, dann ist's nicht wunderbar, wenn bald hinter ihm der Ruf erklingt:

> 82) Schornsteinfeger,
>   Lumpenträger,
>   Kreideweiß,
>   Kohleschwarz!

So lernt die liebe Jugend das Necken, angelockt durch die Gegensätze weiß und schwarz. Und was einst nur dem gefräßigen Schmetterling galt,

dem Alles zermalmenden Weißling, das wird
nun dem mehlmahlenden weißbestäubten Müller
nachgerufen:

> 83) Miller — Miller — Mahler,
> Schenk m'r doch 'en Dahler!

Ja auch an dem Frembling, der in unsern Mauern
weilt, vergreift sich in dieser Weise die Jugend,
wenn er in gleichmäßigen Pausen allzulaut
krächzt:

> 84) Kauft Kohlen!

Dann hallt's vielstimmig zurück:

> Wo haft se gestohlen?

Die klügeren Kohlenbauern der Neuzeit schreien
deshalb: Kohlen kauft!

Die edle Schneiderzunft, durch Alter und Ur=
sprung (vgl. I. Mos. 3, 21) doch allen anderen Ge=
werben überlegen, ist von jeher, besonders im Mittel=
alter, Gegenstand des Volkswitzes gewesen. Auch
der klug beobachtende Kindersinn hat sich den wunden
Punkt nicht entgehen lassen. Das dürre Schneider=
lein begnügt sich mit „Erwesen un Speck", welchen
Schuster, Schlosser und Schreiner nicht wollen;
das mit Geberden vorgetragene Gespräch der vier
Handwerker ahmt zugleich durch die Sprachlaute
überaus fein das Arbeitsgeräusch nach und gehört
ebenso sehr unter die Kinderspiele:

> 85) Der Schuster macht:
> Erwesen un Speck,
> Das müag ich nit, das müag ich nit!
> Der Schneider macht:
> Hätt' ich es! Hätt ich es!
> Der Schlosser macht:
> Ginn's em doch! Ginn's em doch!
> Der Schreiner macht:
> Dä höst es! Dä höst es!

86) Schneider juchhe!
   Drei Deller voll Flöh,
   Drei Deller voll Wanzen,
   Schneider muß tanzen.

Dem Lohnkutscher, der hier mit einem bestimmten Namen eingeführt wird, gilt der böse Spruch:

87) Brenner hat zwei Pferde,
   'en Schimmel und 'en Fuchs,
   Der Fuchs der will nit drecken,
   Der Schimmel will verrecken.

Ach, und Jugend kennt keine Tugend: sie vergreift sich sogar an der geheiligten Person ihres Lehrers, wenn er, dem Frühling vergleichbar, mit seinem Zauberstabe die jungen Blüthen aus dem schlummernden Grunde hervorzulocken sucht; der Dank dafür ist aber kein Frühlingslied:

88) Wenn die Glocke achte rappelt,
   Kommt der Lehrer angewackelt
   Mit dem langen Besenstiel,
   Haut die Kinder gar so viel,
   Gar so viel ist ungesund,
   Der Lehrer ist — — —

89) Heinerich, was machste da?
   Vater, ich studire.
   Heinerich, das kannste nit!
   Vater, ich probire.

Doch mit diesen Sprüchen sind wir schon einige Jahre vorausgeeilt: noch lebt das Kind in ungetrübtem Glücke. Es kennt noch nicht die Leiden der Schule, noch viel weniger die Schule des Lebens. Ahnungslos wünscht es sich vor Allem für die nächste Weihnachten einen „Buckelranzen", den es dann oft schon nach einiger Zeit zwischen Haus und Schule mit demselben Behagen hin- und herträgt wie der Postbote seine Brieftasche. Noch ruht des Kindes ganze Weisheit in den kleinen Liedchen, die mühelos in der Stube und auf der Straße gelernt werden.

Da gilt schon bei den kleinsten Kindern, was von Erwachsenen gilt: Was sich liebt, das neckt sich. So sucht der freund=feindliche Gegensatz zwischen Jungen und Mädchen in mehreren Sprüchen nach Ausdruck:

90) Müller — Müller — Mahler
Die Mädchen kosten 'en Thaler,
Die Jungen kosten 'en Hühnerdreck,
Die kehrt man mit dem Besen weg.

Es versteht sich von selbst, daß das Lied, wo es von Jungen gesungen wird, gegen die Mädchen umgewandelt wird.

91) Es regnet dicke Tropfen,
Die Jungen muß man klopfen,
Die Mädchen muß man schonen
Wie eine Zitrone.

Nicht so zart necken sich die Kinder in Rosen= thal: Schworze, schworze Heirelbeern! Bloe, bloe Dente! Wößt ehr net, wo Donar leit? Donar leit bort ingen, Wo die faulen Merrercher seng, Jonge rieche wie Eisopstöck, Merrercher stenke wie Zegenböck. Geis, Geis ma!

92) Die Katze läßt das Mausen nicht,
Die Weiber naschen gern,
Die Männer find drauf abgericht't,
Sie brauchen keine Latern'.

Dafür singen die Jungen gern ein anderswoher bekanntes Lied:

93) Herr Schmidt, Herr Schmidt,
Was kriegt denn Julchen mit?
Ein Schleier und ein Federhut,
Das steht dem Julchen gar zu gut.

Aelter als der Antisemitismus ist wohl folgendes Spottlied auf die Juden:

94) Die Zidd'n hab'n 'en Schwein geschlacht't
In dem Pempel Moses
Und haben daraus Wurst gemacht,
Is das nit was Famoses?

Dagegen erst der geist- und herzlosen Schwiegermutter-Verfolgung der Neuzeit verdankt wohl folgendes Lügen-Lied seine jetzige Fassung:

> 95) Eine alte Schwiegermutter
> Mit der krummen Faust,
> Sieben Jahr im Himmel droben,
> Kommt nun wieder raus.
> Ist das nicht ein dummes Weib,
> Das nicht in dem Himmel bleibt?

1851 schrieb es Professor Meier in Tübingen noch so nieder: Anna Mareile, Dorotheile, Mit de krumme Füße: Bist zehn Jahr im Himmel gwä, Hast wieder abe müße. — Nicht kindlich in der Fassung, wohl aber im Gedanken ist ebenso der Trost, welchen ein schon älterer Junge seinem weinenden Gespielen giebt, bevor er ihn durchprügelt:

> 96) Weine nicht! es ist vergebens,
> Denn die Thränen dieses Lebens
> Fließen doch in's Kellerloch:
> Deine Watsche kriegst du doch!

Der Spruch wird auch angewendet, wenn ein Kind, das 'was ausgefressen hat, sich vor dem Nachhausegehn fürchtet. Hören dann die andren Kinder den bringlichen Ruf der Mutter, so necken sie das Kind zudem:

> 97) Geh' heim, deine Mutter hat auf 'm Lätschen
> (= Pantoffel) gepissen!

Wie dies liebliche Geleitswort dem vom Spiele zu früh abgerufenen Knaben nachklingt, so begrüßen die Kinder den, der zu spät auf der Straße beim Spiel erscheint, Rübchen schabend mit diesem Willkommen:

> 98) Sitzen geblieben!
> Kartoffel gerieben!

Ober wenn gar verlautet, daß eins Schläge bezogen hat, so tönt ihm nicht selten die höhnische Frage entgegen:

    99) Schmand geleckt?
        Gut geschmeckt?

Wohl sind die Neckrufe nicht frei von aller Schadenfreude, aber noch mehr, glauben wir, spricht doch aus ihnen das übermüthige Behagen an der eigenen glücklicheren Lage. Manches Kind singt diese Verse lustig mit und spürt dabei noch Vaters oder Mutters Röhrchen von gestern, wie's in einem schwäbischen Liede heißt: Mei Muoter hot me g'schlage Mit Hagebuchereis; I ka bers net versage, Wie mi mei Buckel beißt. —

Oefters kleidet der kindliche Sinn den Neckruf in Räthselgestalt ein. So fängt mancher kleine, in die Spielsprache der Straße noch nicht eingeweihte Junge zu weinen an, wenn ihm etwa ein älterer lachend den Finger mit dem Rufe entgegenstreckt:

    100) Der hat kein Hemd an!

Aehnlich sind die neckenden Antworten auf die Frage nach der Wohnung:

    101) Drei Treppen hoch im Kellerloch!

oder auf die Frage nach der Tageszeit:

    102) ³/₄ auf kahle Erwesen!

d. h. kalte Erbsen, wie auch der Straßburger Spruch lautet: Wie viel Uhr isch's? Dreiviertel auf kaldi Erbse, Wenn's druf kummt, se schlat's. Sonst könnte kahle wohl auch ein verhärtetes gale = gelbe sein, wie ein altes Fuldaer Gedicht (Hessenland 1890, S. 11), an dem sich einstmals in Paris zwei Fulder als Landsleute erkannt haben, beginnt: Zom Zilljes (= Sülze) gale Erbes Mit Hutzelbröh geschmälzt. — Noch größer ist die Freude der bösen Straßenjugend, wenn es gelingt, einen Dummen selbst zu einer Antwort zu bringen, die ihn bloß stellt und lächerlich macht, z. B.

103) A. Ich ging mal in den Wald. B. Ich auch.
　　　Da kam ich an ein Haus.　　　Ich auch.
　　　Da guckte 'ne alte Frau raus.　Ich auch.
　　　Die hatte ein Brot.　　　　　Ich auch.
　　　Butter und Käse darauf.　　　Ich auch.
　　　Der Käse stank.　　　　　　Ich ....

Fällt der Gefragte 'rein, so laufen die andern Kinder mit lautem Puh! von dannen und lassen den Aermsten allein. Bei Mülhausen im Elsaß haben die Kinder einen ähnlichen Scherz: Ich bi in Wald gange. „Ich o." Ich bi zu'm e Baum g'ku! „Ich o." Ich ha'm umg'haue. „Ich o." Ich ha=n=e Seidrogh drüs g'macht. „Ich o." D'Sei hän brüs gfresse. „Ich o." Etwas feinere, doch ebenso wirkungsvoll mit den nöthigen Geberden abschließende Scherze sind:

104) A. Gestern ging ich in die — B. (den A kneift) Au!

　　　　　　　　oder

105) A. Ich kam an einen Teich. B. Wie?
　　　Da sah ich Krebse.　　　　Wie?
　　　Da fing ich sie mir.　　　Wie?
　　　Die Krebse knippten.　　　Wie? A. So!

wobei A den dummen Frager kneift;

　　　　　　　　oder

106) A. Ich ging mal bei der Wache vorbei. B. Wie?
　　　Da stand ein Posten.　　　　　　　Wie?
　　　Der schulterte das Gewehr.　　　　Wie?
　　　Er rief die Wache raus.　　　　　Wie?
　　　Der Trommler trommelte.　　　　　Wie?

So! sagt dann A und trommelt den Frager mit beiden Händen auf den Rücken.

Immer ist es die unbändige Freude am Besser=wissen, die diesen Scherzen ihren Reiz für die

Kinder bewahrt, wo unsereins nur noch erhaben lächelt. Wer dann 'reingefallen ist, lauert nun bloß auf die Gelegenheit, einen andern ebenso Dummen zu finden.

Hier reihen sich auch die mannigfachen Sprechübungen an, deren sich freilich bei uns im Vergleich zu andern deutschen Landstrichen gar wenige erhalten haben. Eigenartig ist der Scherz, wo ein Kind behauptet, das andere könne ihm nicht folgende drei Sätze richtig und geläufig nachsprechen:

107) Der Kater ist schwarz,
Die Katze ist weiß,
's ist schon falsch.

Selbst die ältesten Leute stutzen da zuweilen, in dem Wahne, der dritte Satz bezweifle ihre richtige Wiedergabe der beiden ersten Sätze. Aehnlich ist die Aufforderung:

108) Sage mal: Der Hahn, der Hahn und nicht das Huhn.

Und auf demselben Witze beruht das sehr beliebte Kasseler Märchen von der heiligen Elisabeth in der Obersten Gasse, frage man: „Elisabeth, was machste dann?" so antworte sie: „Nix." Wir wissen noch, wie so ein kleiner Bursche, ärgerlich über das hartnäckige Schweigen der steinernen Heiligen, nach ihr zu werfen suchte und dann heulend zu den ältern Jungen lief, die den Angeführten hohnlachend empfingen. An eigentlichen Sprechübungen, bei denen das eine Kind vorspricht, das andere möglichst schnell und glatt nachzusprechen sucht, sind folgende in Kassel beliebt:

109) Fischer's Fritz fängt frische Fische.

110) Der Kutscher putzt den Postkutschkasten.

111) Kein klein Kind kann keinem König,
keinem Kaiser keinen Kalbkopf kochen.

112) Konstantinopolitanischer Dudelsackspfeifergeselle.
113) Ein Schock sächsische sechseckige Schuhzwecken.
114) Der Metzger wetzt das Metzgermesser
Auf des Metzgers Wetzestein.
115) Wir Westerwälder Weiber wollen weiße Wäsche waschen, wenn wir wüßten, wo weiches, warmes Waschwasser wär.

Da denkt wohl Mancher an den Woll=Jägerspruch:
Wer weise, wählt Wolle!

116) Der dicke Dieb drägt den dünnen Dieb durch den dicken Dreck durch.

So schön wie alt ist folgender Lebensspruch:

117) Wenn mancher Mann wüßte,
Wer mancher Mann wär',
Gäb mancher Mann manchem Mann
Manchmal mehr Ehr.

So schrieb schon der fromme Mystiker Ruolman Merswin aus Straßburg am Schlusse seiner Predigtbücher im Jahre 1465: Mench Man sitzt by mengem Man Und waist nit, was mench Man kann. Und wißt mench Man, wer mench Man wer, Do but mench Man menchem Man Zucht und Er. In Kassel hört man bisweilen noch eine gewiß junge Fortsetzung, die den ersten Gedanken nur plumper und ohne den kunstvollen Gleich=Anlaut wiederholt:

118) Doch mancher nicht weiß,
Wer mancher Mann ist,
Drum mancher Mann manchen Mann
Manchmal vergißt.

Neben diesen Lautspielen haben die Kasseler Kinder noch ihre eigenen Sprachen, welche Zunge und Ohr in noch höherem Grade drillen und schärfen, die Erbsen=, die B= und die H=Sprache. So lautet das Wort Mairegen in der ersten

dieser drei Kindersprachen: Merbesen — Arbesen
— Jrbesen — Rerbesen — Erbesen — Gerbesen
— Erbesen — Rerbesen; in der zweiten: Maibai
— Rebe — Genben; in der dritten: Maihailesai
— Rehelese — Genheulesen. Aehnlich ist das
Spielen mit dem Wortton, wobei z. B. Gespenster
zu Géspen=stér oder Labenfenster zu Lab=énfensterr
wird, oder: Die Kuh rannte, bis sie fiel, zu:

119) Dicknrantebissifisiel.

Schon Fischart im 16. Jahrhundert kennt gleiche
Scherze: Kuhrantzumvieh; Virlamenten; Kukleaß.
Noch weiter in dem Verzerren der einzelnen
Satzglieder geht der für die Satzzeichenlehre
wichtige Scherz, der so oder ähnlich auch im
andern Deutschland gesagt wird:

120) Es schrieb ein Mann an eine Wand:
Zehn Finger hab ich an jeder Hand
Fünf und zwanzig an Händen und Füßen.

Bei fast all' diesen Sprüchen haben die Kinder
ihre Freude an der größten Gewandtheit der
Zunge; weit sinniger aber ist das Wettspiel, wo
nicht die Schnelligkeit des Gliedes, sondern des
Geistes den Sieg erringt, wir meinen das Räthsel=
spiel, zu dem schon die letzten Sprüche über=
leiteten. Jetzt ist das Räthsel nur ein heiteres
Spiel, einst war's ein ernster Kampf um Gut
und Leben, um Braut und Ehre, wie uns manches
alte Heldenlied meldet. Richter 14, 12: Simson
aber sprach zu ihnen: Ich will euch ein Räthsel
aufgeben. Wenn ihr mir das errathet und treffet
diese sieben Tage der Hochzeit, so will ich euch
dreißig Hemden geben und dreißig Feierkleider.
Könnet ihr es aber nicht errathen, so sollt ihr
mir dreißig Hemden und dreißig Feierkleider
geben. Und sie sprachen zu ihm: Gib dein
Räthsel auf, laß uns hören. Er sprach zu ihnen:

Speise ging von dem Fresser und Süßigkeit von dem Starken. Und sie konnten in dreien Tagen das Räthsel nicht errathen. Am siebenten Tage sprachen sie zu Simson's Weibe: Ueberrede Deinen Mann, daß er uns sage das Räthsel; oder wir werden Dich und Deines Vaters Haus mit Feuer verbrennen. Ebenso feiert die hebräische Sage (1. Könige 10, 1 ff.) den König Salomo als den weisen Herrscher besonders dadurch, daß sie ihm die Gabe des Räthsellösens ertheilt: Und da das Gerücht Salomo's, von dem Namen des Herrn, kam vor die Königin vom Reich Arabien, kam sie, ihn zu versuchen mit Räthseln. Und sie kam gen Jerusalem mit einem sehr großen Zeug, mit Kameelen, die Spezerei trugen und viel Geld und Edelgesteine. Und da sie zum Könige Salomo hinein kam, redete sie mit ihm Alles, was sie sich vorgenommen hatte. Und Salomo sagte ihr Alles, und war dem Könige nichts verborgen, das er ihr nicht sagte. — Eine weit schlimmere Räthselgeberin tritt in der griechischen Sage auf, die thebanische Sphinx. Wie stimmen wir doch in den Jubel der lange geängstigten Thebaner ein, als Oedipus, der Held des Schwertes wie des Geistes, das Räthsel siegreich löst: Am Morgen geht's auf vier Füßen, am Mittag auf zwei, am Abend auf drei Füßen. Da stürzt sich das Löwenweib wuthschnaubend vom Felsen in den Abgrund hinunter. — In der germanischen Sage nun eignet dem Räthsel noch viel häufiger diese fast unheimliche Macht. Da gelobt z. B. König Heidhrekr, um sich von einer schweren Mordschuld zu sühnen, er werde jeden Frevel gegen seine Person Jedem verzeihen, der ihm unlösbare Räthsel und Fragen vorlegen könne. Drum flehte Gesti, wegen vielfacher Vergehen gegen den König vor Gericht gefordert, unter Opfern den Obhin um Hilfe an, und der gütige Gott ging in Gesti's Gestalt an den Hof und gab dem König 30 Räthsel auf. Heidbreck aber löste sie alle. Das vorletzte dieser Räthsel lautete: Wer sind die zwei, die zum Thing (= Versammlung) fahren? Drei Augen haben sie zusammen, zehn Füße und einen Schweif, so reisen sie über Land. Die Antwort war: der einäugige Obhin mit seinem achtfüßigen Rosse Sleipnir. Bei diesen Geistesschlachten strahlten gewiß die Augen der alten Germanen ebenso muthig und siegesfreudig wie im Kampf mit Schwert und Speer. Das fühlen wir bei der hohen Bedeutung, die das Räthselspiel in der alten Götter- und Heldensage hat. Galt es doch, nicht nur die gleiche Stärke und Schnelle des Leibes, sondern die Ebenbürtigkeit des Geistes freudig zu bewähren. Auch in der späteren Sage und dem Schriftthum des Mittelalters nimmt das Räthsel immer noch eine wichtige Stelle ein. Der weltbekannte Sängerkrieg auf der Wartburg, den einst die berühmtesten Dichter des deutschen Volkes abhielten, bestand doch im Wettsingen von Liedern und Räthseln: es ging da um den Kopf, denn „ohne Friede". wurde gesungen. — Cyriacus Spangenberg (vgl. Hessenland 1890, S. 53) gedenkt im Ehespiegel, Straßburg 1578, S. 250, b., der schönen, damals nicht mehr üblichen Sitte, auf den Zunftlauben oder unter den Lindenbäumen des Brühls sich mit Sprüchen und Räthseln wechselseitig zu überbieten: wann die alten zusammen kamen, gab eyner dem andern fragen auff; wer die meisten aufflösete, verdiente eynen crantz. vnd in summa, wer noch heutiges tages im fechten, schießen, rennen, lauffen, singen, ringen vnd springen das beste thuet, hat neben dem andern gewinnet eynen crantz zu lohn. vnd wo die leute frölich seynd in wolleben, auff die hohen feste oder sonst, da pranget man mit cränzen. Beim Kranzsingen hatte in der Regel der Jüngling, der ein Mädchen zu Tanze bittet, ihr zuvor einige Räthselfragen zu beantworten. Zeigte er dann durch Lösen der Räthsel seine geistige Gewandtheit, so setzte ihm die Jungfrau das Rosenkränzlein auf, und er legte ihr nun seine Räthsel vor, zuweilen mit einem Eingang der Art: Ei, Jungfrau, ich will ihr was auf zu rathen geben, Und wenn sie's erräth, so heirathe ich sie! Die Räthsellieder sind daher nicht selten Brautwerbelieder, ja Hochzeitlieder, wie in Erck's deutschem Liederhort das Lied 153, wo der Reiter das Mädchen, das ihm alle seine Räthsel beantwortet hat, sogleich zu sich auf's Roß hebt: Ewige Liebe sei dein Lohn! Und hop — hop ging's mit ihr davon. In unseren Tagen ist das gesprochene Räthsel zum kindlichen Unterhaltungsspiel herabgesunken, an dem sich die Erwachsenen nur, um 'mal unter Kindern wieder Kinder zu sein, betheiligen, während sie auf die Lösung der gedruckten, meist auf ein geistloses Wortspiel hinauslaufenden Räthsel der Sonntagsblättchen viel Zeit und Mühe verwenden. Nun mögen sich hier die in der Kasseler Kinderwelt noch üblichen, leider nicht sehr zahlreichen Räthsel bunt durcheinander aufreihen.

121) Kaiser Karolus hatte einen Hund,
„Wie" hieß Kaiser Karolus sein Hund!

122) Erst weiß wie Schnee,
Dann grün wie Klee,
Dann roth wie Blut,
Schmeckt allen Kindern gut.

Ganz ähnlich lautet's in der Schweiz, wo die Kinder außerdem noch folgende allerliebste Fassung haben: Es sitzt es Jümpferli üf em Baum, es hät am Röckli en rothe Saum, am Herze hät's en Härtestei: säg, was es für nes Jümpferli seig.

123) Oben spitz und unten breit,
Durch und durch voll Süßigkeit.

124) Außen blau und innen gelb,
In der Mitte ein Quetschenkern.

125) In welchen Kleidern geht die Sonne unter?

126) Wie viel wiegt der Mond?

127) Wenn man von 100 Spatzen einen vom Dache schießt, wieviel bleiben dann oben?

128) Der Arme wirft's weg, und der Reiche steckt's ein.

129) Welche Peter machen den meisten Lärm?

130) Auf welcher Straße kann man nicht gehen?

131) Welches Haus ist ohne Holz und Stein?

Diese Frage ist ein armer Nachklang eines in alemannischer Form noch sehr vollständigen allgemein deutschen Räthsels: Es ist es ganz apartigs Hüs, wo weder Thür no Feister hät; goht der Biwohner hübschlich üs, se zieht das ganze Hüsli met, und wenn ihrer tüsig bisämme stehnd, men überchunt keis Städtli z'gsehn.

132) Welcher Baum wirft keinen Schatten?

133) Wo geht man hin, wenn man 12 Jahr alt ist?

Vgl. Rochholz 575: Wo ist der zwölfjährig Salomo sell möl hi gange? is brüzäh't.

134) Der Blinde sah 'en Hasen laufen,
Der Lahme sprang ihm nach,
Und der Nackende steckte ihn ein.
Was ist das?

135) Es ist ein Fäßchen wohlgebunden,
Es ist noch keines Küfers Hand daran gekommen,
Es trinken Herren und Fürsten draus.

In Schwaben sagt man: 's ist a Fäßle ungebunde, Ohne Wehr und Waffe, 's trinket Fürst und Grafe draus, Welcher kan's verrathe?

136) Es sind vier Brüder in einer Kammer,
Und Keiner kann aufmachen.

Wiederum hat das Schweizer Volkslied dasselbe Räthsel schöner und voller bewahrt: Sind vier Brüeder in eim Hus, und keine cha zum andern us; sinn vier Brüeber i der Chammer, und sind niemole binenander.

137) Es war einmal ein Zweifuß,
Der saß auf einem Dreifuß,
Da kam Vierfuß
Und brachte einen Kuhfuß.
Da nahm Zweifuß
Den Dreifuß
Und schlug damit den Vierfuß,
Daß er den Kuhfuß fallen ließ.

Der Spruch ist sehr alt; schon Fischart nennt im 25. Stück seiner Gargantua ein Kinderspiel: Vierbein und Zweibein.

138) Es liegt etwas Weißes auf dem Dach.
Wenn's herunter fällt, ist es gelb.

Vgl. das alemannische Räthsel: Am Dach isch's wiß und hel, wann's abefallt, isch's gel.

139) Was liegt zwischen Berg und Thal?

140) Gott sieht's nie,
Der König selten,
Der Bauer jeden Tag.

141) Was geht auf dem Kopfe die Treppe hinauf?

142) Wie wird ein blauer Husar, wenn er in's rothe Meer fällt?

143) Je mehr man davon thut, desto größer wird's.

144) Warum fressen die weißen Schafe mehr als die schwarzen?

145) Wie weit läuft der Hirsch in den Wald hinein?

146) Wohin will der Spatz, wenn er über die Straße fliegt?

147) Welche Mutter hat keine Kinder?

148) Welcher Knecht bekommt keinen Lohn?

149) Was für ein Unterschied ist zwischen Sauerkraut und $2 \times 2 = 4$?

150) Ich ging 'mal in einen Wald.
Da sah ich ein Reh,
Da kam ich an einen See,
Und zuletzt war ich da.
Was ist das?

Gar manchen langen Winterabend verkürzen diese und viele andere nicht zu den Kindersprüchen zu rechnende Räthsel; doch der geschäftige Kindersinn hat sich noch allerlei Spiele erdacht, die, je einfacher sie sind, um so mehr erfreuen. So verbrennen die Kinder auf dem Herde oder Tische ein Stück Papier und zählen die in der schwarzen Asche herumglimmenden Fünkchen, sie sagen dann, die Kirche sei aus, und die Leute (Funken) gingen nach Haus und zuletzt von allen der Küster, der die Kirchthüre schließe. Oder sie stecken durch einen einlochigen Knopf ein Streichhölzchen und lassen den Drillitz (vgl. Anm. zu Lied 14) im Kreise auf dem Tische herumhüpfen. Und hat der Sonntag gar eine Gans auf den Tisch gebracht, so wird aus dem Schlüsselbein, vom Kinde einfach der Gänseknochen genannt, mit Zwirn und Hölzchen eine Klapper oder auch ein Hipper verfertigt, der dann neben dem zierlichen Drillitz seine ungefügen Sprünge macht. Allein vor allem beschäftigt am Winterabend der Kinder Gedanken jegliches Ereigniß, das sie den Tag über draußen auf den beschneiten Straßen und Märkten erlebt haben: wie sie auf der Kliebebahne (klieben = gleiten) geschurrt haben oder den Marställer Platz bis zur Fulda hinunter mit dem Rutscher (Käsehütsche in Sachsen, Hütsche = Fußbank) gefahren sind unter dem höhnenden Warnruf:

151) **Vorne weck!**
    Hinnen Dreck!

und wie sie nur zu bald vom „Butz" verjagt worden sind, oder wie sie sich auf dem Hof erst feindlich geschneeballt haben und dann in friedlichem Vereine Schneemauern und darin einen Schneemann gebaut, mit Strohhut auf dem Kopf und Besen an der Schulter; die etwas ältern Jungen und Mädchen dagegen wissen schon Wunderdinge zu erzählen von ihren ersten Schlitt= schuhübungen auf der Fulda, dem Küchengraben und dem Aueteich.

Doch des Lebens recht froh wird das Kind wie der Erwachsene erst, wenn die warme Frühlings= sonne den Schnee zerschmelzt und all' die grünen Gräser und bunten Blumen hervorlockt: dann geht's mit Halloh und Sang und Klang hinaus in die Aue, in's Eichwäldchen, in den Habichtswald, und im innigen Verkehr mit der Natur wird Leib und Seele frisch und gesund. Denn dem Kinde wie dem Dichter ist das heimliche Leben und Weben in der Natur noch nicht so verschlossen wie dem erwachsenen Alltagmenschen, es fühlt noch inniger den einen großen Herzschlag, der durch das Weltall geht. Die Sonne wie der Maikäfer, das Häschen wie der Storch, Alles, was in dem großen Gottesgarten wächst und lebt, ist dem Kinde wie ein vertrauter Freund, den es fröhlich mit Du anredet. Die Frühlings= sonne, die allzu lange von schweren Wolken ver= hüllt bleibt, locken die Kinder mit dem uralten Liedchen hervor:

152) **Liebe, liebe Sonne,**
    Komm' en bischen 'runter,
    Laß den Regen oben,
    Mit der goldnen Krone.
    Einer schließt den Himmel auf,
    Kommt die liebe Sonne 'raus!

Der Eine, der aus der geöffneten Himmelsthür
die Sonne herausführt, wie Phoibos bei den
Griechen und Osiris bei den Aegyptern, ist der
Himmelsherr Fro, welcher, nach altnordischer
Sage, auf goldborstigem Eber durch Winde und
Wolken reitet und mit Regen und Sonnenschein
die Fluren befruchtet. Noch jetzt sagt der Bauer
in der hessischen Wetterau, wenn er die goldnen
Aehren im Winde wogen sieht: Der Eber geht im
Korn. Als nun die vielgestaltigen Götter und
Göttinnen mit dem Christenthum in dem einen
Schöpfer Himmels und der Erden aufgingen, über=
trug man auch Fro's Walten auf den segen=
spendenden Christengott, wie aus einem süd=
deutschen Sprüchlein hervorgeht: Heiland, thu
Dein Thürle auf, Laß die schöne Sonne raus!
Laß de Schatte drobe, Den Heiland wöll'n wir
lobe. Der Heiland ist ja der Fro, d. h. der
Herr, vgl. Fronleichnam. Fro hatte neben sich
Frowe oder Freya, die Sonnengöttin, wie Osiris
die Isis, Phoibos die Artemis; sie erscheint z. B.
in einem Preßburger Liedchen: Liabi Frau, mach's
Türl auf, laß die liabi Sunn herauf, laß in
Regen drina, laß in Schnee dabrina; ebenso im
Elsässer Liedchen: 's geht e Frau in's Glockenhüs,
Loßt die heilig Sunn 'erüs. Heilig ist die
Sonne, und heilend und segnend der goldene
Sonnenregen. Deshalb springen die Kinderchen
beim Mairegen auf die Straße und strecken die
Arme in die Höhe, damit sie groß werden, und
singen:

>153) Es regnet,
>Gott segnet,
>Die Männer geh'n in's Wirthshaus
>Und trinken alle Gläser aus.

Auch ein Kasseler Tanzliedchen klingt hier an,
mit seinen Anfangsworten: Es regnet auf der

Brücke, und ich werde naß; deutlicher aber ist die segnende Wirkung des Sonnenregens in dem hessischen Spruche ausgedrückt: Mairegen, mach' mich groß, Bin so klein wie ein Hotzelkloß. Uebrigens bekamen früher die Marburger Siechen=weiber, wenn es auf Walpurgis regnete, von alten Zeiten her je einen Schoppen Wein. Freya's, der Sonnengöttin, Thier ist die Katze; ihr Wagen wurde von einem Katzengespann gezogen, vgl. Grimm, Myth. S. 634, und noch unlängst sahen, wie Montanus in den deutschen Volksfesten (1854) erzählt, altgläubige Leute an den Katzen mitunter Spuren von Anschirrung, daß an Hals und Schultern die Haare niedergedrückt und sogar wunde Stellen waren. Da Freya aber, mit ihr ziemlich gleich, Holda im Luftraum waltete, so zeigte ihr Thier, die Katze, auch die nahende Witterung an, besonders Sturm, Regen und Schnee, wie dies in mehreren süddeutschen Reimen sich deutlich ausspricht und vielleicht in einem Kasseler Kinderliedchen leise nachklingt:

154) A, B, C
Die Katze lief in Schnee,
Wie sie wieder rauher kam,
Hat sie weiße Hosen an.

Wenn die Katze sich putzt und leckt, so giebt's schön Wetter, oder „es kommt Besuch nach aller Vernünftigen Urtheil"; und wenn es schneit, so weiß jedes Kasseler Kind:

155) Frau Holle schüttelt ihr Bett aus!

Die Katze ist als Holda's Thier auch den Holda begleitenden Hexen eigen; darum begütigt man noch heutzutage das Kind, das sich gestoßen hat, mit dem ursprünglich als Zauberspruch gemeinten Reime:

156) Heile, heile, Katzendreck,
Morjen is es Alle weck.

wozu ein Aargauer Spruch stimmt: Heile=heile=Segen, 's Chätzli unter der Stegen, und wenn's Müsli füre chunt, ist mis Büebli wieder gsund.

Hat nun die liebe Sonne mit der goldnen Krone Alles zu neuem Leben erweckt, dann schenken Feld und Wald dem Kinde so manche Freuden, an denen der Mann fühllos vorüber=geht. Das Kind macht sich in seiner Art die Natur dienstbar. Die Schilfhalmen geben Hummen, welche die hineingesungene Weise summend weitertönen; Grashalme und Blätter werden zwischen die zu=sammengehaltenen Hände gelegt und darauf das Krähen der Hähne nachgeahmt; Blätter werden an die Lippen so fest angesogen oder auf der hohlgeballten Linken mit der Rechten geschlagen, daß sie lautschallend zerplatzen; Blätter der Sirene, d. h. Syringe, Flieder werden zu Kränzlein zu=sammengesteckt und trotz allem Verbot in den Büchern gepreßt und bis zum nächsten Frühling aufbewahrt; auch Dörner werden zu sog. Dornen=kronen ineinandergefügt, und aus den Schaften des Löwenzahns, den die Kinder Ringel= oder Kettenblume nennen, werden vielgliedrige Ringel=ketten geschlungen; von jungen Weidenzweigen macht man Pfeifen und klopft dazu mit dem Messerrücken die saftige Rinde ab, oft noch unter dem altgeheimnißvollen Reime:

>157) Hohle, hohle Wide,
>Saft, Saft siede.
>Wenn du nicht gerathest,
>Werfen wir dich in Graben,
>Dann fressen dich Mücken und Raben!

In der Wetterau singt man beim Abklopfen der Weidenrinde: Niklos, mach mer min Piff los! Anne Gret, mach daß min Piff geht! Saft=Saft=Sinn, Keän ean die Minn (= Kerne, Frucht in die Mühle), Schbeab (= Staub, Hülse) ean

bie Bach: bout mai Paische ean healle Krach.
Wunderbar ist das Auftreten des blinden Hessen
in den Reimen, die beim Bastablösen vom
Walbeckschen durch die Ruhrgegenden bis an die
Grenze des Bergischen gesungen werden, z. B.
in einem Arnsbergischen Liedchen: Liuke, liuke
Pype — vannär biste rype — Maibach Maibach
— wan be Vuegel en Ai lach — dan küemt
bai blinne Hesse — met synem scharpen Messe
— snit dem Kinne 't Bäin af — 'n Kop
af ruts af. Schließlich sendet uns D. Saul aus
seinem Heimathsdorfe Balhorn einen sehr wichtigen
Reim, der wahrscheinlich von einem altheidnischen
Opfer singt, zu welchem die Opferwerkzeuge
eigens neu beschafft werden: Humme, humme,
Wide, — Saft, Saft, siebe! — 's Kätzchen fiel
in'n Keller, — Fung zwei rote Heller. — Was
witte mit dem Gelle machen? — Will mäh 'ne
Nahle kaufen. — Was witte mit der Nahle
machen? — Will mäh en Säckchen nähen. —
Was witte mit dem Säckchen machen? — Will
mäh en Steinchen lesen. — Was witte mit dem
Steinchen machen? — Will mäh en Veilchen
werfen. — Was witte mit dem Veilchen machen?
— Will's min Voader broaten. — Glott us,
glott us, — Wia 'n Quetschenkern! Aus Baum=
rinde machen sich die Kinder Schiffchen mit Mast
und Leinensegel; aus biegsamen Aesten Bogen und
die Pfeile dazu aus Schilfrohr; Kürbisse höhlen
sie aus, schneiden Mund, Augen und Nase hinein,
um sie, mit einer Kerze im Innern, Abends auf
dem Hofe als Gespensterlaterne leuchten zu
lassen; von den großen Gänseblumen zupft
man die weißen Strahlenblüthen ab zu dem
Spruche:

158) **Edelmann, Sedelmann,**
Doktor, Pastor,

**Bierbrauer, Bäcker,
Schweinemajor.**

Die Jungen suchen daran scherzweise ihren Beruf, die Mädchen den ihres zukünftigen Mannes zu erkennen. Allbekannt ist Gretchen's Blumenspiel: er liebt mich, er liebt mich nicht, er — liebt — mich; ja, schon Walther von der Vogelweide sang: si tuot, si entuot; si tuot, si entuot; si tout, swie bike (= oft) ichz tete, sô waz in daz ende guot: daz tröstet mich, dâ hôret ouch geloube zuo. So viel zunächst von Kinderspielen mit Blume und Strauch. Auch der Thierwelt steht das Kind gar zutraulich gegenüber; fast jedes Thier, dem das Kind häufig begegnet, hat da seinen eigenen Namen: Bibbelhuhn, Giggelhahn, Muhkuh, Bälämmchen, Hottepferd*), Wullegans, Wauwau, Wuntzekatze oder Mieze, Bille (= Ente), Wutze oder Natze (= Schwein), Zickelämmchen oder Hitzelämmchen, Herrgottskübchen oder Marienkäfer (= coccinella septempunctata) anderwärts auch Frauenkühlein und ähnlich genannt, weil es einstmals Frouwa, der Göttin der heitern Luft, geheiligt war. Den Hühnern gilt der Lockruf: Bi=bi=bi komm!, den Enten: Bille=bille=bille komm!, den Ziegen: Zick=zick=zick brrr! usw. Der fremdländische Schwan aber auf dem Aueteich muß sich den Spottruf, von dessen Wirkung ein richtiges Kind fest überzeugt ist, gefallen lassen:

159) **Hans, Hans, hast Pech auf der Nase!**

Aber den diebischen Fuchs bedroht das Liedchen:

---

*) Zum 14. Liedchen ist noch eine Stelle zu vergleichen aus Balthasar Schuppius, Freund in der Noth (Werke, Frankf. 1700. S. 237): Wann die Bauernweiber in Hessenland ihre weinenden Kinder stillen wollen, so sagen sie: Troß, troß, trull, Da kommt der Abt von Fuld'.

160) Fuchs, Du hast die Gans gestohlen,
　　　Gieb sie wieder her!
　　　Sonst wird Dich der Jäger holen
　　　Mit dem Schießgewehr.

Dagegen das arme Häschen, das nicht so munter wie sonst springt, bedauert ein Spiellied, bei dessen Schluß Alle zugleich mit dem das kranke Häschen darstellenden Kinde aufhüpfen:

161) Häschen in der Grube
　　　Saß und schlief;
　　　Armes Häschen, bist wohl krank,
　　　Daß Du nicht mehr laufen kannst?
　　　Has hüpf! Has hüpf!*)

Der liebe Osterhase! Wie manches Mal hat er schon seine bunten Eier in's grüne Gras oder bei schlechtem Wetter in die Sophaecken und hinter die Stuhlbeine legen und, nie gesehen, doch stets geahnt, sofort weiter springen müssen in's Nachbarhaus. Der Hase war, wohl wegen seiner Fruchtbarkeit, der Ostara heilig, einer deutschen Frühlingsgöttin, welche die Fluren aus dem Winterschlafe weckte und ihnen Fruchtbarkeit verlieh. Der Ostara wurden nur unblutige Opfer dargebracht, Blumen, Früchte und Kuchen; daher stellen noch jetzt die kleinen Osterkuchen vielfach einen Hasen dar. So wird auch dem Kinde das trockene Brot, das der sparsame Vater in der Dorfschenke bestellt oder von der Jagd oder aus einem Dorfe mit nach Hause bringt, gar schmackhaft, wenn es heißt: 's ist Hasenbrot. Hierher gehört der ähnliche von schlauen Hausmüttern oft erprobte Spruch:

---

*) Die Weisen derjenigen Spiellieder, welche im Kreise gesungen werden, finden sich in dem Buch: Deutsche Volkslieder in Niederhessen, aus dem Munde des Volkes gesammelt, mit einfacher Klavierbegleitung, geschichtlichen und vergleichenden Anmerkungen herausgegeben von Johann Lewalter. Hamburg, Gustav Fritzsche. 1890.

162) **Salzenbrot**
Macht Backen roth,

dem die noch schlaueren Kinder freilich hinzufügen:

Aber Butterbröter
Machen sie noch röther.

Der Frühling bringt aber dem Kinde nicht nur Blumen, Laub und Lieder, sondern auch Maikäfer, Maiklaaber. Die Hausthüren werden am Pfingstsonnabend schon früh Morgens mit Maien, mit Birkenstämmchen geschmückt, die früher (Lynker 328) feierlich aus dem Walde eingeholt, jetzt aber in der Stadt gekauft werden. Kindertische und Fußbänke werden daruntergesetzt und die Zigarrenkisten mit den gefangenen Maikäfern hervorgeholt. Dann ertönt oft das bei fast allen mitteleuropäischen Völkern wiederkehrende, uralte Liedchen:

163) **Maikäfer, flieg,**
Dein Vatter ist im Krieg,
Dein' Mutter ist im Pommerland,
(oder Pulverland)
Pommerland ist abgebrannt.

Der Maikäfer wurde, wie die anderen Frühlingsboten, noch im 17. Jahrhundert in Schlesien von den spinnenden Mädchen feierlich aus dem Walde eingeholt: ebenso im Unterelsaß noch vor einigen dreißig Jahren vom ganzen Dorfe. Der Schmetterling, der als das gefräßige, Alles zermalmende Thier den Doppelnamen Müller-Maler in Hessen führt und ebenso in England von den Kindern mit millery! millery! begrüßt wird, wurde nach uraltem Volksglauben als Alb, als Seele gedacht; der Anblick des ersten Schmetterlings ist in Lothringen von guter Vorbedeutung. Damit mag unser Kasseler jetzt meist als Spottruf gebrauchte Reim zusammenhängen:

164) **Müller, Müller, Maler,**
Schenk mir doch 'en Pahler!

Fraglich erscheint, ob der folgende Spruch ein Drohruf gegen die Schnecken war bezw. noch ist:

>165) Jakob, Schneckenkobb,
>   Leg dich in die Bohnen,
>   Wart', ich will's dei'm Vater sagen,
>   Soll dich aus den Bohnen jagen.

Ebenso beginnt die auf Jakobi beim Krautpflanzen übliche Besegnung der Schwälmer Bauern: Jakob, Dickkobb, Häber wie mei Kobb, Blärrer wie mei Scherz, Strink' wie mei Ben, So hän ich doch mei Lebtag ke Kraut net geseh. Auf die Gänse hat sich ein nicht ganz verständlicher Spruch erhalten, der vielleicht früher Spottruf war:

>166) In Wattenbach, in Wattenbach,
>   Da baden sich die Gänse,
>   Da kam der kleine Linsenfresser,
>   Schlug sie auf die Schwänze.

Und von den Enten singt man hier wie allerorten:

>167) Alle unsre Enten
>   Schwimmen auf dem See,
>   Stecken den Kopf in's Wasser,
>   Den Bürzel in die Höh'.

Die Tauben, deren Glucksen das Kind mit Ruggezegu nachahmt, lassen sich nach dem Kinderglauben leicht fangen, wenn man ihnen Salz auf den Schwanz streut. Das Zwitschern der traulichen Schwalbe, die im Herbste zieht, aber jedes Frühjahr ihre nordische Heimstätte wieder aufsucht, wird auch bei uns noch vom Kindermund gedeutet:

>168) Wenn ich weggeh', wenn ich weggeh', hab' ich Kisten
>   und Kasten voll,
>   Wenn ich wiederkomm', wenn ich wiederkomm', hab'
>   ich kein Fädchen Zwir—r—n.

Dieser auch in anderen deutschen Landstrichen ähnlich erhaltene Kinderreim ist unsterblich gemacht durch Rückert's tiefempfundenes Lied: „Aus der Jugendzeit", das auch zugleich ein Preislied des Kindersinnes ist: O du Kindermund, o du Kindermund, Unbewußter Weisheit froh, Vogelsprachekund, Vogelsprachekund, Wie Salomo! Freilich hat gerade das Stadtkind diese unbewußte Weisheit, die in den Dörfern noch blüht, bis auf Weniges verloren: die Goldammer ruft:

   169) Ich bau' mein Nest, Nest, Nest mit Stro—oh!

die Golddrossel:

   170) Dreiviertel auf neun!

die Wachtel, deren Dableiben der Bauer auf gute Ernte deutet:

   171) Back' der Weck'!

Der Ruf des Kuckucks, der nach der siebenbürgischen Sage im Frühjahr Verstecken spielt und auffordernd aus dem Gebüsch guck=guck ruft, wird von den Kindern beim Versteckspiel nachgeahmt, um den Suchenden auf die Spur zu leiten oder auch abzulenken:

   172) Kuckuck! oder: Bui!

So erzählt ein guter Schweizer Magister aus dem 17. Jahrhundert: occultatis omnibus unus cuculi voce clamat d. h. wenn sich alle Kinder versteckt haben, ruft eins wie ein Kuckuck. Die Kuckucksrufe zeigen auch dem, der sie hört und zählt, die Lebensjahre an; drum singen die Kinder, wenn der Kuckuck ruft:

   173) Kuckucksknecht!
    Sag' mir recht,
    Wie viel Jahr' ich noch leben soll!

Reizend klingt ein gleichbedeutendes neugriechisches Liedchen: Kuko mu, kukaki mu, ki argyrokukaki mu, posus chronus thena zêsō. — Ein beliebter Spruch aus der Pflanzenwelt soll unsere Plauderei vom Verkehr des Kindes mit der Natur beschließen:

> 174) Heidelbeeren, Heidelbeeren
> Steh'n in unsrem Garten,
> Mutter, gieb mir auch ein paar,
> Kann nit länger warten.

Der Reim ist natürlich vom Lande zu uns in die Stadt gewandert. Dort wird dem Erscheinen der ehedem als Nahrungs-, Heil- und Färbemittel gleich beliebten Heidelbeere lange sehnsüchtig entgegen geblickt, und im festlichen Zuge gehen an vielen Orten Hessens die Kinder hinaus zum Heidelbeerpflücken, das meist mit einer scherzhaft-feierlichen, der Donar-Verehrung entstammenden Handlung eröffnet wird; so legt man zu Neustadt (Kreis Kirchhain) einen Blumenstrauß nebst einem Stein in eine hohle Eiche mit dem Ausruf: Hier opfer ich Dir ein Schippchen, Opfer mir in mein Dippchen! Ebenso sind während des Pflückens bestimmte Lieblein üblich, z. B. in der Schwalmgegend: Schworze, schworze Heirelbeer'n! Bloe, bloe Dente! Es get kee schinere Merrercher Wie die allerkleenste. Schworze, schworze Heirelbeer'n! Rore, rore Rosen! Es get kee schinere Merrercher Wie die großen. Schworze, schworze Heirelbeer'n! Rore, rore Reene! Es get kee schön're Merrercher Wie die kleene.

Auch der Sommer mit all' seinen Freuden nimmt ein Ende: der Herbstwind bläst die braunen Blätter über die Stoppelfelder. Das Kind macht sich auch das zu Nutze. In der Aue werden die Kastanien in Säcken und Wägelchen eingeerntet, und allerlei Spielzeug draus verfertigt: Wagen und Wiegen, Körbchen und Pfeifen; und vor der Aue, auf Hecker's Wiesen, oder vor dem

Tannenwäldchen läßt man den Drachen im Herbst=
winde steigen und sendet, wenn er steht, am
Seil einen Brief hinauf. So bietet die Natur
mit frohen Händen den Kindern ihre Gaben dar
zu Spiel und Kurzweil von einem Frühling
durch Sommer, Herbst und Winter hindurch bis
zum andern Frühling.

Und neben all' diesen Freuden der Natur hat
das Kind in holdem Spieltrieb, in unbewußtem
Kunsttrieb auch die Kunst sich zu eigen gemacht:
in Tanz und Spiel löst das Kind ein einzelnes
Ereigniß von seinen vergänglichen Umständen ab
und erhebt es durch dramatische Gestaltung zu
allgemein menschlichem Werth, sodaß sich das
Kindergemüth, das wie im echten Volksspiel
Zuschauer und Schauspieler zugleich ist, daran
immer von Neuem erfreuen oder betrüben, kurz:
erbauen kann. Die zahlreichen Tanz= und Spiel=
lieder mögen sich nun selbst wie eine Schaar
tanzender Kinderchen in buntem Wechsel hier an=
schließen, und ein uraltes Lied soll den Reihen
eröffnen:

> 175) Die Meier'sche Brücke,
> Die ist zerbrochen.
> Wer hat sie zerbrochen?
> Der Goldschmied
> Mit seiner jüngsten Tochter.
> Wir wollen sie wieder bauen lassen
> Mit Edelstein,
> Mit Bedelstein,
> Mit lauter feinem Golde.
> Den Hintersten, Hintersten wollen wir fangen.

Zwei Kinder bilden mit gehobenen Armen die
Brücke, unter welcher die anderen Kinder, eins
das andere anfassend, mit dem Gesang hindurch=
ziehen; das letzte wird mit den schnell herab=
gelassenen Armen gefangen und gefragt: Wohin
willst Du, zum Messerchen oder zum Gäbelchen?

Wo ist denn unsre Anna hin?
Die ist schon längst begraben.
Da stand die Anna fröhlich auf.
Die Anna ist ein Engelein.
(Der Bruder ist ein Hambelmann.
Die Mutter ist ein Herelein.)
Der Jäger ist ein Teufelein.

Diese liebenswürdig-kindliche Schauerballade wird von den Kindern mit dem lebhaftesten Geberdenspiel begleitet: Die Anna sitzt, den Kopf mit der Schürze verhüllt, in der Mitte der Spielrunde; der Bruder, den der übermüthige Kindermund neuerdings zum Hambelmann stempelt, die Mutter, der Jäger, Alle treten wirklich auf. Dies Spiel ist gewiß aus dem alten Volksliede entstanden: Als die wunderschöne Anna auf dem Breitensteine saß (Lewalter I 25).

184) Es regnet auf der Brücke
Und ich werde naß,
Ich hab' noch was vergessen
Und weiß nicht was.
Schöne Jungfer hübsch und fein,
Komm' mit mir zum Tanz herein!
Laß uns einmal tanzen
Und lustig sein!

Im singenden Kreis steht ein Kind, das bei den Worten Schöne Jungfer ein anderes erfaßt und mit ihm ein Mal herumtanzt; das zweite Kind kommt dann in die Mitte zu stehen, und das Lied beginnt von vorn (Lewalter II 6).

185) Es tanzt ein Bi-Ba-Bozemann
Auf unsrem Boden rum und dum,
Er rüttelt sich, er schüttelt sich
Und wirft sein Säckchen hinter sich.
Es tanzt ein Bi-Ba-Bozemann
Auf unsrem Boden rum.

Der Bozemann ist eine uralte Schreckgestalt. So ging bei den alten Römern dem Festzug der Kinderfresser, manducus, voraus, das brängende Volk zurückzuscheuchen; so sagt auch Klara Hätzlerin: geloub ich daz, so biz mich butze. Und Moscherosch in seinem Christlichen Vermächt= niß, 1643, tadelt die unverständigen Eltern und loses Gesinde, welche die Kinder mit dem Mummel, Butzenmummel, langen Mann, dem schwarzen Mann, der Holzmutter, dem bösen Mann, dem Hopmann, dem Kametfeger, und wer weiß was für Narren schrecken. Der Bozemann wird als ein vermummter Mann gedacht, der die Kinder in seinen Sack steckt und sie anderwärts verkauft; vgl. einen Kinderspruch aus Buchsweiler im Elsaß: Ho, ho, ho, D'r Hurlemann isch do! Er geht das Gässele uf un ab: „Wer kauft m'r Kinder ab?" Ho, ho, ho, D'r Hurlemann isch do!

   186) Seht ihr Herrn und Damen,
     Seht ihr meinen Fuß?
Gesprochen: Wollt ihr wissen, wollt ihr wissen,
    Wie's die kleinen M ä d c h e n machen?
    Püppchen susen, ho!

    Seht ihr Herrn und Damen,
    Seht ihr meinen Fuß?
  Wollt ihr wissen, wollt ihr wissen,
  Wie's die kleinen K n a b e n machen?
  Wackeln spielen, ho!

    Seht ihr Herrn und Damen,
    Seht ihr meinen Fuß?
  Wollt ihr wissen, wollt ihr wissen,
  Wie's die alten W a s c h w e i b e r machen?
  Immer waschen, ho!

    Seht ihr Herrn und Damen
    Seht ihr meinen Fuß?
  Wollt ihr wissen, wollt ihr wissen,
  Wie's die alten M ä n n e r machen?
  Immer trinken, ho!

Die Kinder, im Kreise, begleiten das Spiel mit anschaulichen Geberden und strecken bei „ho" die Hände in die Höhe.

187) Ich trug in meinem Schoße
　　Ein Körbelein voll Rosen,
　　Ein Körbelein voll Zwetschen,
　　Komm' her, mein liebes Schätzchen!
　　Ja, ja, ja, die Schuld ist meiner nicht;
　　Die Schuld hat meine Kammermagd,
　　Die sich nicht gewaschen hat.
　　Ja, ja, ja, die Schuld ist meiner nicht.

In der Mitte des singenden Kinderkreises bauscht eins seine Schürze zu einem Körbchen, wählt sich mit den Worten: Komm' her, mein liebes Schätzchen! aus den andern sein Schätzchen und tanzt mit ihm zum Gesange der andern mehrmals herum. Gar lustig ist die Lesart, die wir in einer Straße singen hörten: Der Schulz ist meiner nicht, der Schulz ist meiner Kammermagd.

188) Ich und mein altes Weib
　　Können fein tanzen;
　　Sie nimmt den Dudelsack,
　　Ich nehm' den Ranzen.

189) Wir haben ein kleines Murmelthier,
　　Das macht uns viele Freuden,
　　Es kann auch auf zwei Beinen steh'n
　　Und tanzen kann es wunderschön,
　　Gerade Schildwach' steh'n.
　　So gebt ihm nun auch Geld dafür,
　　Für seine schönen Künste.

Diese beiden Liedchen werden mit dem nöthigen Spiel gesungen; sie stammen aus der Zeit, da noch Dudelsackspfeifer und Savohardenjungen mit ihren Murmelthieren häufiger durch Kassel zogen.

190) Wir fahren auf der grünen See,
　　Wo die Fischlein schwimmen,
　　Freuet sich mein ganzes Herz,
　　Jubelt laut und singet.
　　Ehre, behre, wer sind die?
　　Der Goldfisch, der Goldfisch,
　　Der goldene Fisch.

191) Der Bauer fährt in's Holz
Der Bauer fährt in's Holz,
Der Bauer fährt in's Kirmesholz,
Vivat, Kirmesholz,
Der Bauer fährt in's Holz.

Der Bauer wichst seine Schuh u. s. w.
Der Bauer nimmt sich ein Weib.
Das Weib kriegt sich ein Kind.
Das Kind nimmt sich eine Magd.
Die Magd nimmt sich einen Knecht.
Der Knecht nimmt sich ein Pferd.
Das Pferd nimmt sich einen Stall.
Der Stall nimmt sich eine Krippe.
Die Krippe nimmt sich Heu.
Das Heu scheid't von der Krippe.
Die Krippe scheid't vom Stall.
Der Stall . . . u. s. w. bis:
Das Weib scheid't von dem Bauer.

Ein Kind steht als der Bauer in der Mitte des meist sehr großen Spielkreises und ahmt die im Liede angedeutete Handlung nach, putzt die Schuh, wählt sich ein Kind aus dem Kreise zum Weib, welches nun wieder ein anderes als Kind heraus= wählt u. s. w., nachher scheidet dann ein Kind nach dem andern aus des Bauern Gefolge und tritt wieder in den Kreis ein. (Lewalter I 22). Das Spiel hat sich wahrscheinlich nach einem alten tiefsinnigen Erzähl=Lied gebildet, das auch bei uns die Kinder, im Kreise oder in Reihen auf und ab gehend, zuweilen singen:

192) Der Herr der schickt den Jochen aus,
Er soll den Hafer schneiden.
Der Jochen schneid't den Hafer nit
Und kommt auch nit nach Haus.

Der Herr der schickt den Pudel aus,
Er soll den Jochen beißen.
Der Pudel beißt den Jochen nit,
Der Jochen schneid't den Hafer nit
Und kommt auch nit nach Haus.

Mit solchen und ähnlichen Namen (Himmel oder Hölle, Rose oder Nelke) benennen sich heimlich vor den andern die thorbildenden Kinder, vor jedem Durchzug von Neuem. Das Gefangene wird nun hinter Einen der beiden Thorwächter gestellt. Sind alle Kinder so gefangen und vertheilt, dann wird jedes einzelne von den Thorhütern auf den Händen gewogen. Lacht es, wozu die anderen Kinder durch alle möglichen Grimassen zu verführen suchen, so kommt's in die Hölle, lacht es nicht, so kommt's in den Himmel. Schließlich kämpfen die beiden so entstandenen Schaaren, Engel und Teufel, miteinander, bis eine die andere besiegt hat. — Wie aus diesem in etwa 30 Gestalten uns bekannten Brückenspiel hervorgeht, liegt hier zu Grunde der altheidnische Glaube vom Ritt der Todten über die Todtenbrücke, welche das Gewässer zwischen Menschenwelt und Todtenreich verbindet. Ein Nachklang mag die andere Lesart sein: Die Engel'sche Brücke, vielleicht soviel wie: Die Engel-Brücke. So erzählen nordische Runensteine, daß der Verstorbene bei seinen Lebzeiten für das Heil seiner Seele eine Brücke bauen ließ; und die Edda berichtet, wie Modhgudhr auf der Todtenbrücke wachehaltend sitzt und zu Hermodhr spricht: Reitet nur durch, der Bruder ist schon voraus. Arge Entstellung freilich ist es in unserem Liede, daß der Goldschmied mit seiner jüngsten Tochter die Brücke zerbrochen haben soll; das fehlt in den nicht-mittelbeutschen Fassungen, wo der Brückenzoll auch nicht in Edelstein und Gold besteht, sondern in Steinen und Beinen d. h. dem Letzten der durchziehenden Reiterschaar (vgl. Lewalter, Deutsche Volkslieder in Niederhessen, mit einfacher Klavierbegleitung I 18).

176) Ringel — Ringel — Reihe,
   Es sind der Kinder dreie,
   Sitzen auf dem Hollerbusch,
   Schreien Alle: husch, husch, husch!

Die Kinder tanzen im Kreise singend herum und bucken sich am Schlusse, als ob ein Raub=vogel von oben sie bedrohe. Der Sinn des alten, hier entstellten Liedchens wird klar durch die alemannische Gestalt mit Rochholz' Vermerk: Hexen verwandeln kleine Kinder in Krähen, die dann auf dem Hollerbaume nisten müssen; daher der Ringelreihen: Ringe — ringe — Reihe, d' Chind sind alli Chraije, d' Chind sind alli Holder=stöck und machet alli Bode=Bodehöck.

177) Ringel — Ringel — Rosen,
   Schöne Aprikosen,
   Veilchen blau, Vergißmeinnicht,
   Alle Kinder setzen sich:
   Kickeriki!

Die Kinder gehen bei dieser gewiß nicht sehr alten, aus Reimlust entstandenen Abart des vorigen Liedes im Kreise herum und setzen sich mit dem Rufe: Kickeriki! nieder (Lewalter I 12).

178) Der Kirschbaum hat sein Laub verloren!
   Wer soll dafür sorgen?
   Das soll die Jumpfer Anna thun,
   Wir wünschen ihr: Schön Gut'n Morgen, Gut'n
                                        Morgen!

Die Kinder gehen Hand in Hand angefaßt im Kreise singend umher, Fräulein oder Jumpfer Anna dreht sich bei der dritten Zeile schnell nach außen, und ebenso im Verlauf des Spiels jedes andere Kind bei seinem Namen, bis alle Kinder so abgerufen sind und das Gesicht nach außen gekehrt haben, worauf dasselbe Spiel nach innen zu wiederholt wird (Lewalter I 34).

179) Der Fuchs geht rum,
Der Fuchs geht rum,
Er wird euch schon belauschen, belauschen,
Er frißt die grünen Blätter ab,
Die gelben läßt er faulen, verfaulen.

Die Kinder stehen im Kreis, die aufgehaltenen Hände auf dem Rücken. Der Fuchs geht mit dem geknoteten Taschentuch langsam um den singenden Kreis herum, steckt das Tuch einem Kinde in die Hand, das nun seinen Nachbar rechts unter fortwährenden Schlägen einmal um den Kreis herumjagt und dann Fuchs wird, während der erste Fuchs in die Lücke eintritt (Lewalter II 28).

180) Hier ist grün, hier ist grün,
Unter diesen Allen
Wird wohl Einer drunter sein,
Der wird mir wohl gefallen.
Liebst Du mich?
Nein!
Immer, immer ja, ja!
Immer, immer nein, nein!
Und so muß ich weiter gehn,
Muß zu einer Andern ziehn.

Oder:
Ja, mein Schatz, ich will Dich lieben,
Du bist mir in's Herz geschrieben,
Du gefällst mir wohl!

Das Kind in der Mitte des singenden Kreises richtet die Frage gesprochen an eins der Mitspielenden; auf die Antwort Nein zieht es singend weiter, bis es endlich die erlösende Antwort von einem der Kinder bekommt. — Hier wie in den beiden vorigen Spielreimen ruht wahrscheinlich, freilich kaum erkennbar, der uralte Volksglaube von der Zugehörigkeit der Menschen zum Baume, daß nämlich das Neugeborene gedeiht oder stirbt wie das in der Geburtsstunde gesetzte Bäumchen, bei Knaben meist ein Apfel=, bei Mädchen ein Birnbaum. Hessischer Bauernglaube weiß, daß

Hexen Jemand tödten können, wenn sie einen Knoten für ihn in Weiden schlingen.

181) Der Abt ist nicht zu Hause,
Er ist bei einem Schmause,
Und wenn er wird nach Hause kommen,
Wird er an die Klingel kommen.
Ja, ja, ja,
Der Abt ist noch nicht da!

Die Kinder schließen einen Kreis, der Abt geht außen um den Kreis und berührt eins der Kinder, das sich bei den Worten Ja, ja, ja dem Abte anschließt, bis der ganze Kreis so hinter dem Abte herzieht. — Einen Anklang an dies Lied hat ein bitterböser Aargauer Spruch: Eusi Chatz hat Junge g'leit in ere alti Zeine, der Pfaff het sölle Götti (= Pathe) si, iez ist er nid beheime. Statt Abt wird in manchen Straßen auch Herr gesungen, was ehemals so viel wie Pfarrherr bedeutete (Lewalter I 14).

182) Ich bin ein armer Vogel,
Aus meinem Nest geflogen,
Ich bin so arm und habe nichts
Und Alles, was mein eigen ist,
Ein Sträußchen von der Linde,
Das schenk' ich meinem Kinde.

Ein Kind, das von den Mitspielenden als Vögelchen bestimmt ist, geht unter dem Gesange mitten im Kreise herum, das Fliegen des armen Vögleins nachahmend (Lewalter I 31).

183) Die Anna saß am Breitenstein
Und kämmte sich ihr goldnes Haar,
Und als sie damit fertig war,
Da fing sie an zu weinen.
Da kam der Bruder aus dem Wald:
Ach, Anna, warum weinest Du?
Ach, weil ich heute sterben muß.
Da kam der Jäger aus dem Wald
Und stach die Anna in das Herz.
Da kam die Mutter aus dem Wald:

Lynker, ziehen die jungen Bursche unter Gesang und Peitschengeknalle aus dem Dorfe; Einer von ihnen stellt sich auf einen Stein oder auf eine Anhöhe und ruft: Hier steh' ich auf der Höhe Und rufe aus das Lehen, das Lehen, Das erste (zweite u. s. w.) Lehen, Daß es die Herren wohl verstehen. Wem soll das sein? Die übrige Versammlung antwortet, indem sie die Namen eines Burschen und eines Mädchens nennt, mit dem Zusatz: In diesem Jahre noch zur Ehe!

> 199) Der Schneider hat 'ne Maus,
> Der Schneider hat 'ne Maus,
> Der Schneider hat 'ne Via-Via-Mause-Maus.
>
> Was macht er mit der Maus?
> Er zieht ihr ab das Fell.
> Was macht er mit dem Fell?
> Er näht sich einen Sack.
> Was macht er mit dem Sack?
> Er thut hinein sein Geld.
> Was macht er mit dem Geld?
> Er kauft sich einen Bock.
> Was macht er mit dem Bock?
> Er zieht damit in'n Krieg.
> Was macht er in dem Krieg?
> Er schlägt sie Alle todt!

In der Mitte des singenden Kreises stehen zwei Kinder, Maus und Schneider, welcher das Lied immer mit Geberden begleitet, bei den Worten: Er kauft sich einen Bock, ein Kind zu sich in die Mitte nimmt und am Schluß auf die andern Kinder losspringt und sie schlägt.

> 200) Es geht ein Mützenträger um,
> Juchheirassasa!
> Und wer den Mützenträger sieht,
> Ein Jeder vor dem Andern stehlt,
> Juchheirassasa!

Bei diesem Lied, scheinbar einer Abart vom ver=

mummten Bozemann, geht ein Kind, die Augen
verbunden, immer den Kreis der singenden Kinder
entlang und greift eins: räth es dessen Namen
auf's erste Mal, so wird dies der Mützenträger;
sonst muß es weiterziehen.

> 201) Die Tiroler sind lustig,
> Die Tiroler sind froh,
> Sie trinken ihr Schnäpschen
> Und machen's dann so.
>
> Erst dreht sich das Weibchen,
> Dann dreht sich der Mann,
> Sie fassen sich beim Aermchen
> Und tanzen zusamm'.

Die Kinder stehen sich in zwei Reihen gegenüber,
jeder Tiroler vor seinem Weibchen, singend führen
sie jedesmal die nöthigen Geberden aus: trinken,
bezahlen, sich drehen, und dann ergreift jeder
sein Weibchen zum Tanze (Lewalter II 20).

> 202) Wir wollen die weißen Frauen fragen,
> Ob sie keine Tochter haben.
> Nehmen Sie, nehmen Sie!
> Welche wollen Sie haben?
> Diese, diese mag ich nicht,
> Diese, diese will ich nicht,
> Diese, diese darf ich nicht,
> Diese will ich haben.

Die Kinder schließen einen Kreis, eins steht in
der Mitte und sucht sich bei den letzten Worten
die Tochter aus, die dann in die Mitte tritt.

Falls nicht ‚die weiße Fraue' zu lesen ist, sind
die weißen Frauen eine Vervielfältigung Holda's,
der weißen Frau, der Schutzgöttin der Kinder
und Mütter. Das dreimalige Verschmähen der
Tochter erinnert an eine mährische Sage vom
Storch, dem heiligen Vogel Holda's, daß er,

wenn er unpaare Brut im Neste habe, ein Junges hinauswirft für den Teufel.

202) Wer hat den Schlüssel zum Garten?
Hier ein Garten, da ein Garten
Und an allen vier Ecken ein Garten.

In dem Garten steht ein Haus,
Hier ein Haus, da ein Haus
Und an allen vier Ecken ein Haus.

In dem Haus da ist eine Stube u. s. w.
In der Stube da steht ein Bett.
In dem Bett da liegt eine Nonne.
Vor dem Bett da steht ein Tisch.
In dem Tisch da ist eine Schublade.
In der Schublade liegt ein Brief.
In dem Brief da steht geschrieben:
Else soll sein Schätzchen lieben.

Die Tonangeberin flüstert jedem Mitspielenden den Namen des auszuklatschenden Kindes in's Ohr, diesem selbst aber einen andern. Am Schluß löst sich der Kreis und stürzt unter Klatschen und Schreien auf das Opfer des Spiels los (Lewalter II 26).

203) Wer will lust'ge Soldaten seh'n,
Der muß zu uns Kindern geh'n.
Vorwärts marsch!

Wer will lust'ge Fischer seh'n,
Der muß zu uns Kindern geh'n.
Fisch, Fisch, Fisch!

Wer will lust'ge Schuster seh'n,
Der muß zu uns Kindern geh'n.
Bum, bum, bum,
Nagle mir die Nägel krumm!

Die Kinder bilden einen Kreis, bei jeder dritten Zeile lassen sie sich los, marschiren im Kreise hinter einander und ahmen die Handlung anschaulich nach: das Grüßen der Soldaten, das Fischen der Fischer, das Klopfen der Schuster.

204) Machet auf das Thor,
Machet auf das Thor,
Wir kommen mit unsrem Wagen.

Wer sitzt darin?
Wer sitzt darin?
Ein Mann mit rothen Haaren.

Was will er denn?
Was will er denn?
Er will die Tochter holen.

Was hat sie denn?
Was hat sie denn?
Sie hat was gestohlen.

Was ist es denn?
Was ist es denn?
Es ist ein Korb mit Kohlen.

Die Kinder bilden, paarweise hintereinander gereiht, durch Hochhalten der angefaßten Hände ein langes Thor, durch welches jedesmal das letzte Paar hindurch ziehen muß, um dann vorn das Thor weiterzubauen. — Der Mann mit den rothen Haaren bezeichnet den Teufel, der das böse Mädchen holen will (Lewalter II 19).

205) Ringel, Ringel, Ringelein,
Morgen soll die Hochzeit sein,
Schokolad' und Kuchen
Wollen wir versuchen,
Papa soll ein Lämmchen schlachten,
Das soll machen: bäh.

Die Kinder tanzen im Ringelreihen und schreien am Schluß Alle: bäh.

206) Blau blau Fingerhut
Wer hat das ganze Ehrengut?
Jungfer sie muß tanzen
In einem Rosen-Kranze,
Jungfer sie muß stillestehn,
Dreimal, dreimal rumzudrehn.

Der Herr der schickt den Prügel aus,
Er soll den Pudel prügeln u. s. w.

Der Herr der schickt das Feuer aus.
Es soll den Prügel verbrennen u. s. w.

Der Herr der schickt das Wasser aus,
Es soll das Feuer löschen u. s. w.

Der Herr der schickt den Ochsen aus,
Er soll das Wasser saufen u. s. w.

Der Herr der schickt den Metzger aus,
Er soll den Ochsen schlachten.
Der Metzger schlacht den Ochsen nit.

Da geht der Herre selber naus:
Der Metzger schlacht den Ochsen,
u. s. w.

Dies Märchen vom ungetreuen Gesinde, in Deutschland, Frankreich, England und Ungarn bekannt, ist einem gemeinsamen jüdischen Osterliede nachgebildet, das schon 1609 zu Venedig gedruckt worden ist, in Hebräisch und Chaldäisch vorliegt und übersetzt so lautet: Ein Böckchen, ein Böckchen, das kaufte der Vater für zwei Silberstücke. Ein Böckchen. Da kam die Katz' und fraß das Böckchen, das gekauft der Vater für zwei Silberstücke. Weiterhin kommen Hund, Stock, Feuer, Wasser, Stier, Schlächter und dann: der Todesengel und schlachtete den Schlächter, zuletzt der Heilige, der gesegnet sei!, und erschlug den Todesengel, der geschlachtet den Schlächter u. s. w. Das Lied stellt die Schicksale des jüdischen Volkes im Gleichniß dar: der Vater ist, nach Leberecht's Ausführungen vom Jahre 1731, Gott; das Böckchen das jüdische Volk; die zwei Silberstücke Moses und Aaron; Hund, Feuer, Wasser, Stier, Schlächter, Todesengel die Bedrücker des Judenvolkes von den Assyrern an bis zu den Türken, deren Macht d. i. den Todesengel, der Heilige, Gott selbst, dereinst vernichten wird.

 193) Es wollt' 'en Schmied 'en Rad beschlagen,
   Wie viel Nägel muß er haben?
   Fünfe oder sechse?
   Hätteſt Du — gerathen,
   So wär'ſt Du nit gebraten.
   Bummeri,
   Zelleri,
   Schlagt den kleinen Fingeri!

Ein Kind beugt den Kopf in den Schoß eines anderen, welches ſitzt; hinter ſeinem Rücken ſtreckt eins von der ſingenden Schaar einige Finger aus, deren Anzahl es rathen ſoll. Irrt es, ſo wird ihm mit den Worten: Bummeri, Zelleri taktmäßig das Rückenende beſchlagen.

 194) Wir treten auf die Kette,
   Daß die Kette klingt,
   Wir haben einen Vogel,
   Der ſo ſchöne ſingt.
   Hat geſungen ſieben Jahr,
   Sieben Jahr ſind rum,
   Frieda dreht ſich rum,
   Frieda hat ſich rumgedreht,
   Hat ſeinem Schatz ein'n Kuß verwehrt.
   Pfui ſchäme Dich, pfui ſchäme Dich,
   Du ungezog'nes Kind.

Die Kinder schließen sich zum Kreis, jedes Mal das Kind, dessen Namen gesungen wird, dreht sich ein Mal um. Den Sinn des Liedes deutet die schweizerische Sing- und Spielart, das Chettemli-spiel, wo die Kinder, im Kreise an einer Kette von Löwenzahnstengeln vor- und rückwärts schreitend, singen: Trettet zue, trettet zue, sparet nit die nüe Schueh! trettet af das Chettemli, daß es soll erchlingle, wer die schönste Jumpfre ſig i bem ganze Ringle.... Siebe Johr g'ſpunne, acht Johr Sunne: nünmol rumpedipum, cher dich no-ne-mölen um, bis der Fritzli zue der chummt. Der Bräutigam, lehrt Rochholz hier, soll dem Mädchen alsbann gewiß sein, wenn es das sogenannte Siebenjahrgarn fertig gesponnen hat (Lewalter II 34).

> 195) Vögelchen auf der Weide
> Spinnt so klare Seide,
> Also klare
> Sieben Jahre.
> Sieben Jahr sind rum.
> 's Mariechen dreht sich rum.
> 's Mariechen hat sich rumgedreht,
> Hat's Hinnerste zu Vorderste gedreht.

Gespielt wird dies hübsche Liedchen wie der vorige in seinen Einzelheiten dunkle Reim, dessen Urbild es wahrscheinlich ist. Es ist aber gewiß selbst nur ein Stück eines größeren Spielliedes, das z. B. in der Schweiz also lautet: 's Sünneli schint, 's Vögeli grint, 's hocket unter'm Läbeli, 's spinnt e Sidefädeli, 's spinnt en lange Fade, er langet bis zo Bade, vo Züri bis uf Hauestei, vo Hauestei bis wiederum hei. Z' Rom ist es gulbigs Hus, lueget drei Marein drus. Die eint spinnt Side, die andere Floribe, die britt schnätzlet Chride (= windet Falschheit und Streit) u. s. w. Die drei Jungfrauen, welche den rings die Heimath umschlingenden Faben spinnen, sind ursprünglich die altnordischen Nornen Urd, Werbandi, Skuld (= Vergangenheit, Gegenwart, Zukunft), die dem Menschen bei seiner Geburt den Schicksalsfaden spannen. Eine Spur des Liedes von den drei Schicksalsspinnerinnen hat sich auch zu Kassel erhalten in dem Liede:

> 196) Bim bam Glöckchen,
> Da oben steht ein Stöckchen,
> Da oben steht ein Schilderhaus,
> Da gucken drei Mamsellerchen raus.

Die erste heißt Mariechen,
Die zweite heißt Sophiechen,
Die dritte schließt den Himmel auf,
Läßt die liebe Sonne raus.

197) A. Botschimber, Botschamber.
B. Was giebt's für 'en Hamber?
A. Was Gutes! Was Gutes!
B. Macht's mal her!

Zwei bis drei Kinder verabreden insgeheim ein Handwerk (Hamber), das dann nach dem obigen halb gesprochenen Wechselgesang von ihnen durch anschauliche Bewegungen und Laute so lange nachgeahmt wird, bis eins der zuschauenden Kinder es räth; der Löser des Räthselspieles ersetzt dann einen der Handwerker. Das Wort Botschamber ist gewiß ein französisches pot de chambre, Botschimber nur eine Lautspielerei davon.

198) Dort oben auf dem Berge
Da liegt ein blauer Stein,
Und wer den Stein verloren hat,
Der soll mein Schätzchen sein.
Viderallala, Viderallala,
Viderallalalala!

Ich geb' Dir einen Tritt,
Zu Ehren und zum Vid-.
Viderallala, u. s. w.

Ich geb' Dir einen Kuß,
Zu Ehren und zum Fuß,
Viderallala, u. s. w.

Ich zieh' mein Hütchen ab
Und sag' hübsch: Guten Tag.
Viderallala, u. s. w.

Ein Kind steht mitten in der singenden Runde, es wählt sich ein Schätzchen und ahmt mit ihm die im Liede ausgedrückten Handlungen nach. — Das Lied erinnert, besonders in seinem ersten Theile, an das Lehnausrufen der Schwalm- und Lahnbauern: In der Walpurgisnacht, erzählt

> Schifflein, Schifflein, kniee dich,
> Kniee dich zu meinen Füßen,
> Daß ich dir verzeihen muß,
> Einen mußt du küssen.
> Du bist der Schönste, der Schönste,
> Und du bist der Allerschönste.

Die Kinder bilden einen Kreis, ein Kind in der Mitte dreht sich bei deren Gesang dreimal herum und kniet nieder; darauf geht es im Kreise herum, zeigt auf zwei Kinder als die schönsten und nimmt ein drittes, als das allerschönste, an seiner Statt in die Mitte des Kreises. — Das Lied ist wahrscheinlich aus dem schon besprochenen mittelalterlichen Kranzsingen entstanden; die ersten Worte bleiben unklar, auch bei Vergleich mit dem süddeutschen Spruch: Nable, Fable, Fingerhut, Ist der Närin Heuregut. Hier ist gewiß die blaue Blume gemeint, während Ehrengut gewiß das Ehrenkränzlein bezeichnet. Schifflein ist entstellt aus Schäflein, was offenbar das Kosewort für Mädchen ist; vgl. die umgekehrte Wandlung von Schiffchen zu Schäfchen in dem vom Meere zu uns gekommenen Spruche: Er hat sein Schäfchen im Trockenen d. i. sein Schifflein aus der stürmischen See glücklich an's Land gebracht. Die folgende Zeile enthält vielleicht den tieferen Sinn, daß der Braut, welche die Gespielinnen nun verläßt, um ihrem Liebsten zu folgen, verziehen werden soll; und kaum ist die anderen Orts übliche Lesart ursprünglicher: daß du Einen dir ziehen (= wählen) mußt.

207) Jammer ja hier und da,
Was ich euch kann sagen.
Hab' verloren meinen Schatz,
Schließt mir auf den Garten.

Traurig, traurig, immer traurig,
Hab' verloren meinen Schatz.

Will mal zuseh'n auf diesem Platze,
Ob ich ihn nicht finden kann.
Ja, ja, das ist mein Schatz,
Der mich so betrogen hat!

In den Kreis der singenden Kinder tritt eins bei den Worten: Schließt mir auf den Garten, hält sich bei: Traurig, traurig die Hände, als ob es weinte, vor die Augen; sucht sich bei: will mal zuseh'n einen Schatz aus den andern und tanzt mit dem wiedergefundenen Liebchen im Kreise herum. (Lewalter I 29). — Der zweite Theil des Liedes entstammt einem Liede, das ältere Leute sich erinnern als Kinder so gesungen zu haben:

208) Traure, traure, übertraure,
Hab' verloren meinen Schatz,
Will mal seh'n in diesem Garten,
Ob ich ihn wohl finden kann.
Ja, ja, das ist mein Schatz,
Der mich so betrogen hat!

209) Im Sommer, im Sommer da geht man spazieren
Mit lauter, mit lauter jung'n Herrn und Off'zier'n.

Ein Diener, ein Diener, der steht ei'm wohl schön.
Da muß man, da muß man sich dreimal rumdrehn.

Ein Knixchen, ein Knixchen, das steht ei'm wohl schön,
Da muß man, da muß man sich dreimal rumdrehn.

Das Klatschen, das Klatschen, das steht ei'm wohl schön,
Da muß man, da muß man sich dreimal rumdrehn.

Wer mir die Gans gestohlen hat,
Der ist ein Gänsedieb,
Wer mir sie aber wiederbringt,
Den hab' ich herzlich lieb!

Die Kinder, im Kreise, doch nicht angefaßt, führen zu dem Gesange die einzelnen Geberden aus, den Diener der Herren, den Knix der Damen, das Händeklatschen, und drehen sich danach je dreimal um. Schließlich stürzen sie unter lauterem und schnellerem Singen auf das

Kind los, das schon vorher als Gänsedieb heim=
lich verabredet worden ist.

>210) Wollt ihr wissen, wie der Bauer,
>Wollt ihr wissen, wie der Bauer
>Seinen Samen ausstreut?
>Seht, so macht's der Bauer,
>Seht, so macht's der Bauer:
>Wenn er Samen ausstreut.
>
>Wollt ihr wissen, wie der Bauer u. s. w.
>Seinen Hafer einnimmt u. s. w.
>Sein Kindchen einsußt?
>Sein Kindchen ausfährt?
>Sein Schnäpschen einschenkt?
>Sein Schnäpschen austrinkt?
>Sein Schnäpschen bezahlt?
>Sein Weibchen ausklopft?
>Betrunken nach Hause kommt?

Die Kinder stehen in einem Kreise und begleiten
ihr Lied mit lebhaftem Geberdespiel. Der Sinn
ist, daß der Bauer das Geld für den eben
geernteten Hafer vertrinkt, betrunken nach Hause
kommt und seine Frau prügelt. Die dritte
und vierte Strophe sind wohl späterer Zusatz
(Lewalter II 8).

>211) Ihr Täubchen, ihr Täubchen,
>Kommt alle zu mir!
>Wir dürfen nicht!
>Warum denn nicht?
>Der Wolf ist da!
>Wo sitzt er denn?
>Im Loche.
>Was frißt er denn?
>Das grüne Gras.
>Ihr Täubchen, ihr Täubchen,
>Kommt alle zu mir!

Bei diesem reizenden, halb gesprochenen Wechsel=
gesange ist ein Kind die Taubenmutter, die
anderen die Täubchen, und irgendwo versteckt
lauert eins als Wolf, der am Schlusse, wenn die

Täubchen dem Lockrufe der Mutter folgen, hervorbricht und ein Täubchen hascht.

> 212) Ohne bohne, dicke Maus,
> Komm' heut' Abend vor mein Haus!
> Ich will dir was schenken.
> Was dann?
> Einen gold'nen Vogel,
> Vogel soll mir Heu geben,
> Heu will ich Kuh geben,
> Kuh soll mir Milch geben,
> Milch will ich Bäcker bringen,
> Bäcker soll mir Kuchen backen.
> Kuchen will ich Vater geben,
> Vater soll mir Thaler geben,
> Thaler will ich Mutter geben,
> Mutter soll mir Kleidchen kaufen.
> Kleidchen will ich Schneider bringen,
> Schneider soll mir's machen.
> Hu, was werd' ich lachen!

Das Lied wird und wurde besonders früher häufig im Schrittanz gesungen, es hebt wie ein Zählreim an mit ohne — bohne = eins, zwei. Dicke Maus ist unklar, vielleicht halb spöttige Anrede des Kindes. Der gold'ne Vogel, der den Reichthum in's Haus bringt, erinnert sehr an das friesische Räthsel vom Hahn: Es flog ein Vogel Stark Ueber Dänemark. Was hatte er in seinem Kopfe? Sieben Pfund Hopfen. Was hatt' er in seinem linken Bein? Einen Hammer und einen Schleifstein. Der Hahn, der Vogel des Erntesegens, trägt hier die Zeichen des Gottes Thôr (Donar), Hammer und Schleifstein; er sorgt für gute Witterung, drum steht er auf Dach- und Thurmspitzen; er wird nach jeder Fruchternte als der Segenspender gefeiert; versäumt man, ihn so zu verehren, so zündet er das Haus, das er erst beglückt hat, selbst an: der rothe Hahn wird auf's Dach gesteckt.

213) Es kamen zwei Pantoffeln herein
Ade! ade, ade!
Was wollen die zwei Pantoffeln herein?
Ist wohl der Herr Pastor zu Haus?
Was soll der Herr Pastor zu Haus?
Wir wollten ihm ein Briefchen schreiben.
Was soll denn in dem Briefchen stehn?
Die jüngste Tochter Braut soll werden.
Die jüngste Tochter geben wir nicht.
Dann schmeißen wir die Scheiben ein.
Dann machen wir die Schaltern zu.
Dann stecken wir das Häuschen an.
Dann löschen wir's mit Apfelwein, —
Der Herr Pastor hat uns erlaubt,
Die jüngste Tochter soll werden Braut.

Bei diesem Brautwerbe=Lied schreiten die zwei Brautwerber auf die in langer Reihe nebeneinander aufgestellte Familie der Braut zu und bei dem Rundreim wieder zurück; es antwortet ihnen, mit Sang und Schritt, die Familie der Braut. So geht's in lebhaftem Wechselspiele bis zum Schluß. — Die Pantoffeln bedeuten die Brautschuhe, wie noch heute an manchen Orten die Braut während des Hochzeitmahles beschuht oder auch auf scherzhafte Weise entschuht wird, wie auch König Rother einst als Brautwerber in Byzanz die Königstochter beschuhte. Das Ade klingt schon wie das Klagelied der vom Elternhause scheidenden Braut (Lewalter II 35).

214) Der Sandmann kommt,
Der Sandmann kommt,
Er hat so schönen weißen Sand,
Ist allen Leuten wohl bekannt.

Das Lied, wie 204 gespielt, entstammt gewiß der Zeit der ungestrichenen Dielen, da die Sandbauern noch häufiger ihr Jausah! (Strau= b. i. Streusand) in unseren Straßen ertönen ließen.

215) Es zog ein Mann durch Afienland, hohopp,
　　Es zog ein Mann durch Afienland, Kilo Kilo hohohopp,
　　Es zog ein Mann durch Afienland, Kilo Kilo hopp.
　　Er hat sein Esel an der Hand.
　　Drauf legt er seine Leinewand.
　　Drauf geht er zur Frau Schneiderin.
　　Mach mir daraus ein Käppelein.
　　Drauf geht er zur Frau Hahnebeck.
　　Wie steht mir denn mein Käppelein?
　　Es steht dir wie ein Köckelschwein.
　　Drauf geht er zur Frau Schneiderin.
　　Ihr habt verschnitten mein Käppelein.

Innen im Kreise stehen zwei Kinder, der Mann mit dem Esel; auch die Frau Schneiderin und Frau Hahnebeck werden nachher durch zwei Kinder in der Mitte dargestellt, die Leinwand durch ein Stück Papier angedeutet. Zum Schluß prügeln Mann, Esel und Frau Hahnebeck die ungeschickte Putzmacherin durch. — Das Lied hat gewiß recht alte Stücke. Köckelschwein ist unverständlich, vielleicht entstellt aus: Köckelein, d. h. Gockelhähnchen, oder = Kugelschwein, Stachelschwein.

216) Meine Mutter backt Kreppeln,
　　Se backt se so hart,
　　Se schließt se in'n Keller
　　Und giebt mer nit satt.
　　Se giebt mer drei Brocken,
　　De Hühner zu locken:
　　Komm', Bib! komm', Bib! komm', Bib!
　　Und wenn's meine Mutter
　　Noch einmal so macht,
　　Dann nehme ich mein Bündel
　　Und sage Gute Nacht!
　　Und gehe nicht weiter
　　Bis über die Brück'
　　Und kehre mein Lebtag
　　Nit wieder zurück.

Dies Tanz=Lied, einst in Kassel sehr beliebt, gleicht durch den neckischen Ton und den hüpfen=

ben Wortfall sehr einem Schnabahüpfl, aus dem es vielleicht entstand. Der lustige Schluß, daß der böse Junge nie wieder heimkommen will, sich aber dabei doch nicht weiter als zur nächsten Brücke wagt, erinnert an den Peter in der Frembe.

    217) Haben Sie Lakwendel,
         Großmarin und Cimian
     Und ein wenig Quendel?
     Ja, Madam, das haben wir
     Draußen in dem Garten;
     Will Madam so gütig sein
     Und ein wenig warten?
     Johann! hol den Sessel rein
     Mit der gold'nen Spitze,
     Will Madam so gütig sein
     Und ein wenig sitzen?

Das Lied wird gesprochen und lebhaft dargestellt. Zum Apotheker kommt eine gar feine Madam, für die der Johann schnell einen gold'nen Sessel herbeiholen muß; sie wünscht Lavendel (gegen Migräne!), Rosmarin (als Pomade!), Thymian und, was dasselbe ist, Quendel (als Duftöl).

    218) Dort oben auf dem Berg,
     Dort oben auf dem Berg,
     Dort oben auf dem pol'schen Berg.
     Juchheisa, vivat pol'schen Berg.
     Dort oben auf dem Berg,
     Da steht ein altes Haus.
     Wer wohnt im alten Haus?
     Da wohnt 'ne alte Her.
     Die Her, die hat ein Kind.
     Das Kind, das hat 'ne Magd.
     Die Magd, die hat 'nen Knecht.
     Der Knecht, der hat 'ne Kuh.
     Die Kuh, die giebt uns Milch.
     Was macht man aus der Milch?
     Man macht daraus ein Käs.
     Was macht man mit dem Käs?
     Man bringt ihn auf das Markt.

>Da kam ein alter Mann.
>Was kost't denn so ein Käs?
>Drei Batzen und ein Loch.

In der Mitte des Kreises steht das alte Haus, welches hier aber noch Kind ist; es nimmt aus der Runde eins zu sich in die Mitte als Hexe, die sich wiederum ihr Kind wählt, usw. Die Kinder innen bilden auch einen Kreis, den der Außenkreis singend umtanzt.

>219) Wir wollten gern die erste Tochter,
>   Heisa Fifilatus!
>Was wollen Sie mit der ersten Tochter?
>Wir woll'n sie in ein Kloster haben.
>In was für'n Kloster wollen Sie se haben?
>In das Sankt-Maria-Kloster.
>Was soll sie in ei'm Kloster machen?
>Sie soll das Sticken und Stricken lernen.
>Das hat sie schon bei uns gelernt.
>So soll sie waschen und bügeln lernen.
>Nun, so nimm sie hin zu dir.
>Ade, ade, lieb Mütterlein,
>Nun muß ich von dir scheiden,
>Ich komme in ein Klösterlein
>Und muß da viel arbeiten,
>Ich kriege Schläge mit der Ruth,
>Daß meine Finger bluten.
>Ade, ade, ade!

Das Lied wird ebenso wie 213 gesungen und geschritten, nur daß bei dem Abschiedsliede der armen Nonne, das meist die ganze Kinderschaar mitsingt, der Rundreim Fifilatus (entstellt aus Vitus und Pilatus?) wegfällt.

Die Ruthe war ehemals in Schulen und Klöstern die Hauptlehrmeisterin, ist doch Luther als Klosterschüler an einem Vormittag fünfzehn Mal geprügelt worden, hat doch Melanchthon von seinem Lehrer Hungarius für jeden Latein=schnitzer einen Streich bekommen. Und selbst Geiler von Kaisersberg, der seiner Zeit größere

Milde in der Schulzucht predigte, räth gegen lügenhafte Kinder: so solt du birckinquesten machen von birckinreißen und mit denselbigen jnen das weren, das sie hinten un fornen blitzen und uffspringen.

> 220) Ich bin kein Freund von Traurigkeit
> Und geh' nicht gern allein,
> Ich liebe die Gemüthlichkeit
> Und möchte mich gern freu'n.
> Komm' her zu mir, komm' her zu mir,
> Komm' her, komm' her zu mir!

Das Lied ist ein bloßes Geberdenspiel; die Kinder gehen singend im Kreise herum, stehen aber plötzlich still beim Worte: freu'n. Dann winken sie mit dem rechten Zeigefinger. Geberden und Rundreime der anderen Strophen sind so: „Geh' weg von mir" mit Abwinken; „O warte nur" mit Drohen des Fingers; „O weh, o weh!" mit Wackeln des Körpers, während die Arme in die Hüften gestützt sind. „Hazzi, hazzi!" mit Niesen.

> 221) Ein Bauermädchen aus der Stadt,
> Das Aepfel zu verkaufen hat,
> Ging einst die Straße auf und ab:
> Wer kauft mir meine Aepfel ab?
> Ein reicher Herr gegangen kam
> Und sich die Aepfel alle nahm:
> Mein liebes Kind, Sie irren sich,
> Die Aepfel schmecken säuerlich!
> Mein lieber Herr, das glaub' ich nicht,
> Denn schlechte Waare führ' ich nicht!

Dies Gedicht wird von den Kindern ohne Geberdespiel einfach im Kreise gesungen.

> 222) Ich bin ein Musikante
> Und komm' aus Schwabenlande.
> Ich kann spielen
> Die Violine:
> Fille fille fum fum fum
> Rutsch mir nicht den Buckel krumm.

Ich bin ein Musikante
Und komm' aus Schwabenlande.
Ich kann spielen
Auf der Flöte:
Aeppel, bäppel, äppel bäppel,
Aeppel bäppel, äppel bäppel.

Ich bin ein Musikante
Und komm' aus Schwabenlande.
Ich kann spielen
Auf dem Klaviere:
Krabsch mal hier und krabsch mal da
Und krabsch mal nach Amerika.

Die Kinder stehen im Kreise und begleiten ihren Gesang mit den nöthigen Geberden, dem Fiedeln der bald hell, bald bumpf klingenden Geige, dem Blasen der hölzernen Flöte und dem wilden Schlagen der Tasten.

223) Dokter Bär
Schickt mich her,
Ich soll holen
Drei Pistolen.
Eine für mich,
Eine für dich,
Eine für Bruder Heinerich.

224) Muß wandern, muß wandern
Von einem Ort zum andern.
Da kommt der lust'ge Springherein,
Schüttelt mit dem Kopf,
Rüttelt mit dem Rock,
Stampft mit dem Fuß.
Komm' wir wollen springen geh'n,
Springen geh'n,
And're müssen stille stehen.

Die Kinder führen die in diesem lustigen Marsch=
liede erwähnten Geberden aus; es streift sehr
an die Lieder von dem Bettelhaushalt, wo über
alle Armuth die Sanges= und Wanderlust fröhlich
obsiegt, wie z. B. in Musäus' Märchen 5, 130:
Aus welcher Gegend kommt ihr? von Sonnen=
aufgang. Wohin gedenkt ihr? nach Sonnen=

niedergang ... Springinsfeld grüßt mich die Welt. Zeitvertreib nennt sich mein Weib ... Sausewind tauft' ich mein Kind ... Hupf=insstroh heißt mein Floh usw.

225) Wir fahren auf der grünen See,
Wo die Fischlein schwimmen,
Da freuet sich mein ganzes Herz,
Jubelt laut und singet.
Ehre-beere,
Wir sind hier,
Den Goldfisch, den Goldfisch,
Den fangen wir.

Bei dem Worte Goldfisch faßt ein Kind aus dem Kreise das rechts neben ihm stehende von hinten an das Kleid. So kommen im Verlaufe des Spieles alle Kinder statt nebeneinander schließlich hintereinander zu stehen.

226) Lieschen, hast du's Bett gemacht?
Ach, nein, ich hab's vergessen.
Ich hab' die liebe lange Nacht
Bei meinem Schatz gesessen.
Lieschen einen Schatz will haben,
Muß sie rothe Bänder tragen,
Rothe Bänder sein,
Aber sehr gemein?

227) Haben Sie 'n Tisch gedeckt?
Jawohl, Madam!
Auch Teller und Messer und Gabeln?
Jawohl, Madam!
Auch Braten und Salat?
Jawohl, Madam?
Auch Pfeffer und Salz am Salat?
Nein, ein bischen Schnupftabak!

Diese beiden lustigen Zwiegespräche werden von den Kindern mit vertheilten Rollen gespielt.

228) Jakob hatte sieben Söhne,
Sieben Söhne Abram.
Sie aßen nicht, sie tranken nicht,
Sie machten alle so wie ich

Mit dem Köpfchen nick, nick, nick,
Mit den Fingerchen tipp, tipp, tipp,
Mit den Füßchen trab, trab, trab,
Mit den Händchen klapp, klapp, klapp.
Kohlräberchen, Kohlräberchen,
Das sind die besten Pflanzen.
Und wenn mein Vater Hochzeit hält,
Dann fangen wir an zu tanzen.

Die Kinder singen dies buntscheckige Lied im Kreise und führen, die Hände jedesmal loslassend, die angedeuteten Geberden je dreimal aus. Das Nicken, das Betasten der Stirn, das Stampfen, das Klatschen; den Schluß bildet ein Tanz in Paaren.

229) Limo-Limonade,
Sind Soldaten,
Drei Franzosen,
Bum, bum bum.
Rechte oder Linke,
Speck oder Schinken,
Ganze Regimenter,
Dreht euch rum!

230) Zeigt mir eure Füße,
Zeigt mir eure Schuh',
Seht den fleißigen Wäscherinnen zu.
Sie waschen, sie waschen,
Sie waschen den ganzen Tag.
Zeigt mir eure Füße,
Zeigt mir eure Schuh',
Seht den fleißigen Wäscherinnen zu.

Die Kinder stehen neben einander im Kreise, treten auf „Füße" mit dem rechten, auf „Schuh" mit dem linken Fuß vor und begleiten ihren Gesang mit den Bewegungen erst des Waschens, dann des Trocknens und des Plättens, zu den Worten: „Sie trocknen" usw. bezw. „Sie plätten" usw.; in der vierten Strophe aber klatschen sie bei den Worten: „Sie schwatzen" usw. laut in die Hände.

231) Krone-Krane,
　　　Wickle-Schwane,
　　　Wer will mit nach England fahren?
　　　England ist geschlossen,
　　　Der Schlüssel ist gebrochen.
　　　Morgen woll'n wir'n neuen machen,
　　　Bis das Körnchen reif ist,
　　　Bis die Mühle steif ist.
　　　Heisa Püppchen tanzen,
　　　Heisa Püppchen tanzen.

Die Kinder gehen singend im Kreise herum und hüpfen bei den Worten: Heisa! in die Höhe. Die Eingangsworte sind ohne Vergleich mit einer anderen hessischen Lesart unverständlich, wahrscheinlich aber einstmals kein bloßes Wortgeklingel.

232) Wer so ein faules Gretchen hat,
　　　:|: Wie kann der lustig sein? :|:
　　　Sie schläft ja alle Morgen, Morgen,
　　　Bis die liebe Sonne scheint
　　　Und der Hirt zu Felde treibt.

　　　Der Vater aus dem Holze kam,
　　　:|: Das Gretchen, das schlief noch. :|:
　　　Schlaf du für 'n Tausend Teufel, Teufel,
　　　Bis die liebe Sonne scheint
　　　Und der Hirt zu Felde treibt!

　　　Das Gretchen aus dem Bette sprang,
　　　:|: Das Röcklein in der Hand; :|:
　　　Sie that das Kühchen melken, melken
　　　Mit einer ungewasch'nen Hand,
　　　Ist das nicht 'ne wahre Schand'?

　　　Und als die Kuh gemolken war,
　　　:|: Da goß sie Wasser zu. :|:
　　　Sie zeigt es ihrem Vater, Vater:
　　　Sieh', so viel Milch giebt uns're Kuh,
　　　Macht das nicht die lange Ruh!

Dies Schelmenlied von dem faulen, schlauen Gretchen, das gewiß auch in anderen Gegenden Deutschlands verbreitet ist, wird von den Kindern einfach im Kreise gesungen. Es paßt sehr gut zum Lied 226 und scheint ein Stück aus dem Bettelhaushalte zu sein.

> 233) Rothe Kirschen eß' ich gern,
> Schwarze noch viel lieber!
> Fahren auf der Extrapost,
> Wenn es tausend Thaler kost't!
> Tausend Thaler ist kein Geld,
> Wenn es meinem Schatz gefällt!
> Schätzchen hier, Schätzchen da,
> Schätzchen in Amerika!

Bei diesem übermüthigen, unternehmungslustigen Lied steht ein Kind in der Mitte, nimmt sich bei den Worten: „Wenn es meinem Schatz gefällt" sein Schätzchen aus dem Kreise und tanzt mit ihm herum.

— — — — —

Der bunte Reigen ist aus. Lachend und singend sprangen sie dahin, das Wiegen= und Schoßlied, der Zuchtspruch und das Gebet, der Spottreim und das Räthsel, die Lieder auf Blume und Thier, die Spiel= und Tanzreime, all' diese kleinen dummen klugen Liedchen, so schnell dahin, daß der grübelnde Verstand kaum ein gelehrtes Wort hinter ihnen herrufen konnte; es kümmerte sie selbst gar wenig, woher sie stammen, wie ihre Verwandten aussehen, was und ob sie etwas bedeuten, ihnen genügt's, daß sie aus glücklichem Kindermunde erklingen und trotz allem Wandel der rauschenden Zeit noch viele Geschlechter hindurch erklingen sollen. In manchen Winkel einer dunklen Gasse, in manches unfreundliche Haus bringen allein diese kleinen Lieder, die nie gelernt und doch stets gewußt werden, den einzigen Sonnenschein: so lange das Kind mit den andern spielt, weiß es nichts von dem Elend und Aerger daheim. Aber auch

das von Elternliebe getragene Kind aus wohl=
habendem Hause wird nicht glücklich und froh,
wenn es in der stillen Stube dahinträumt: mit
den andern Kindern, in Spiel und Reigen, geht
ihm erst seine Kinderwelt auf. Und wahr ist's,
was unser hessischer Dichter Justi (Gedichte 1834)
von dem Garten der Jugend, wo die Hoffnung
und die Freude und die Unschuld den Reigen
tanzen, so schön singt:

> Wer sinnig genossen
> Im Frühling ein Spiel,
> Der zagt nicht verdrossen
> Am herbstlichen Ziel.
> Er stärkt sich zum Wallen
> Nach lichteren Höh'n,
> Wenn Stürme die Hallen
> Des Vorhofs umweh'n.

Deshalb, hast Du auch, freundlicher Leser,
und Du, schöne Leserin, manchmal Dein kluges
Haupt über diesen Blättern geschüttelt, wir sind
Dir darum nicht gram, wenn Du nur einmal
dabei recht innig Deiner seligen Kindheit wieder
gedacht hast. Sie kehrt nicht wieder, die goldene
Zeit, und doch braucht sie auch in den Gefahren
und dem Ernste des Lebens niemals zu ent=
schwinden! Drum sei unser Schlußwort:

Frischen, reinen Jugendsinn erhalte Dir allzeit!